The Civil War Comes to Dade County Georgia

Compiled and Edited

by

Nathaniel C. Hughes, Jr., Ph.D.

Heritage Books
2024

HERITAGE BOOKS
AN IMPRINT OF HERITAGE BOOKS, INC.

Books, CDs, and more—Worldwide

For our listing of thousands of titles see our website at
www.HeritageBooks.com

A Facsimile Reprint
Published 2024 by
HERITAGE BOOKS, INC.
Publishing Division
5810 Ruatan Street
Berwyn Heights, MD 20740

Copyright © 1975 N. C. Hughes, Jr.

Reprinted by Special Permission by
The Delta Genealogical Society
504 McFarland Avenue
Rossville, GA 30741

— Publisher's Notice —
In reprints such as this, it is often not possible to remove blemishes from the original. We feel the contents of this book warrant its reissue despite these blemishes and hope you will agree and read it with pleasure.

International Standard Book Number
Paperbound: 978-0-7884-9891-6

TO

HUMAN BEINGS WHO STILL INSPIRE

FIFTY YEARS OR MORE

AFTER THEIR DEATH

MY GRANDFATHER, JOHN PRICE JACOWAY,

IS ONE

CONTENTS

			Page
PART I	1860 Census, Dade County, Georgia		1
	Enumeration of Free Inhabitants		3
	Slave Schedule		68
	Mortality Schedule		74
PART II	Confederate Units Raised in Dade County, Georgia		75
	Company B ("Lookout Dragoons") 6th Georgia Volunteer Infantry, Army of Tennessee, CSA		77
	Company E, 10th Regiment, Third Brigade, Georgia State Troops		80
	Company H ("Silver Grays" or "Yancey Invincibles") 21st Georgia Volunteer Infantry, Army of Northern Virginia, CSA		82
	Company F, 34th Georgia Volunteer Infantry Army of Tennessee, CSA		85
	Company D, ("Dade County Invincibles") 39th Georgia Volunteer Infantry, Army of Tennessee, CSA		88
	104th Regiment, Georgia State Troops		91
PART III	1870 Census, Dade County, Georgia		92
	Enumeration of Inhabitants		94
	Mortality Schedule		165
PART IV	1880 Enumeration of Heads of Households, Dade County, Georgia		166
PART V	Census Comparisons		186
	Recapitulation of Statistics		188
	Highest Property Values Reported (1860)		189
	Highest Property Values Reported (1870)		190
	Index	follows page	190

PREFACE

Twenty years ago, as a graduate student in history, I made a promise to myself. By that time I had realized that the laborious, exhaustive work on the part of many unrecognized individuals had provided me with the raw material essential to the writing of history.

I promised myself that someday I would take my turn at the oar and help provide future historians and historical inquirers with primary sources in a useable form. This work is the result of my promise.

I chose Dade County, Georgia, because it interested me, and had been, by and large, neglected. It is a peculiar little county, isolated from the rest of Georgia by Lookout Mountain, separated from Tennessee by the Tennessee River, and cut off from Alabama by Sand Mountain. Perhaps these geographic features and the separatist attitude prevailing among its citizens gave rise to the term, "The State of Dade."

It is a young county, formed in the late 1830's from Cherokee lands. Offering a strategic location and a whisper of gold in its mountainsides, Dade watched settlers and exploiters rush in. It quickly became a juncture for South Carolina and Georgia citizens penetrating the valley from the east and north, and for Kentucky-Tennessee-Alabama folk from the west. Dade's four hundred square miles were occupied by thirteen hundred inhabitants in 1840, and slightly more (1,500) were there in 1850. Then came the railroad. The population jumped to over 3,000 by 1860 and remained at that level in 1870.

Dade cast its lot with the Confederacy in the 1860's and paid dearly. This can be seen by examining the rosters of the Confederate units, and by counting the widows in the 1870 census.

By 1870, dreams of gold and coal had been abandoned and demands of the railroad for workers diminished. Except for a flurry of excitement in the 1880's with a visionary development of the town of New England, Dade accepted its fate as an agricultural community. Its citizens began to slip away to the big city, and the county settled down to wait for the advent of superhighways and a bulging Chattanooga in the 1960's.

eople have always come and gone. You will see this as you examine the census records that follow. Certain families, however, gave continuity. They usually provided the leadership and some still live on the soil their great-grandparents obtained in the 1840's and 1860's.

To identify these families that saw Dade through the Civil War and to discover those who passed through Dade during these decades, one needs the censuses. Nearly all of the other public records prior to 1880 perished in two fires that swept through the courthouse in Trenton. These census records I copied from the National Archives Population Schedules of the Eighth, Ninth, and Tenth Censuses.

My great-grandfather, John Garrett Jacoway, took the census count in 1860. He wearied as the weeks wore on and his penmanship and his accuracy degenerated with each day. Galatin Stephens, the enumerator of 1870, did not tire as easily. Both made mistakes, many of them. I have used their spelling, their terms, and their figures, taking no liberties at all with their work. The result is often amusing, often frustrating.

An example of the wild spelling is the name Derryberry, which is found with four variations. At points where I thought the reader might blame the 1975 typist or the transcriber, I have underlined to emphasize. I have done my best to be accurate. When in doubt, I had two other individuals I regard as competent to examine the entries. Along with these difficulties, you will encounter some duplicate numbering of households, some omitted households, some omitted names, occupations, and other errors. If you are inclined to be judgmental, try it yourself. Get astride John G. Jacoway's horse and venture across creeks into the recesses of Dade, questioning a suspicious citizen who insists that his wife Cynthia's name is spelled Sinthy.

The abbreviations have been held to a minimum, and I believe confined to be obvious. The numbers I have placed beside the name of an individual represent the following:

1860

Married within the year	11
Attended school this year	12
Persons over 20 who cannot read or write	13

1870

Father of Foreign Birth	11
Mother of Foreign Birth	12
Married within the year (month provided)	14
Attended School within the Year	15
Cannot read	16
Cannot write	17

I decided to include a part of the 1880 Census, and found it expedient to limit this section to the heads of households and their spouses. I wish that this census could have been included in its entirety.

The index should be quite helpful. Please bear in mind, however, that the page numbers refer to the pages in this work, not the census page numbers. For the sake of those poor souls who toil searching for Smiths and Joneses, I have given them preferential treatment, including the given names along with the surnames.

Twenty-five or so people aided me. My wife and my cousin, the Rev. Ernest Cushman, gave me the encouragement needed to offset the discouragement provided by my three fidgety young sons. The Audio-Visual Librarian at the Chattanooga Public Library, Mrs. Betty Wright, and her staff helped every step of the way. Mrs. Louise Werner typed the difficult parts and made essential suggestions as to the organization and presentation. Mrs. Elizabeth Dickerson untangled the 1880's and gave me faith in my penmanship. Kitty Coddington, one of my students, took great delight in segregating the miners. The Georgia Archives graciously allowed me to use the rosters of the Confederate units. The difficult task of assembling these lists must be credited to Miss Lillian Henderson in her work <u>Rosters of the Confederate Soldiers of Georgia</u>.

I hope what I have done will be useful to many for a long time. I hope especially that it will be useful and perhaps enjoyable to those who love Dade County. It is a proud, picturesque valley, and I know I will feel better the next time I drive down between those two long dominating mountains, knowing that something has been done to recreate the life that once flourished there. Then perhaps my debt will have been paid.

N. C. Hughes, Jr.
Girls' Preparatory School
Chattanooga, Tennessee
April 1, 1975

PART I

1860 Census, Dade County, Georgia

POST OFFICE -- TRENTON, GEORGIA

1	Cagle, William	41	M	Farmer	1,000/600	Ga	
	Elizabeth	40	F			Ala	
	Gifford, Robert	17	M	Farm Laborer		Ala	12
	Stiff, Nancy	11	F			Ala	12
2	Brock, Benjamin	63	M	Gentleman	7,000/13,000	NC	
	Rebecca Y	54	F			NC	
	Elizabeth	21	F			Ga	
	Sarah A.	19	F			Ga	
	Martha K.	17	F			Ga	
	Josephine	12	F			Ga	
	Noah	47	M	Gentleman		NC	
	Lindsay, Rebecca	24	F			Ga	
	Mary F.	7	F			Ga	
	Sarah R.	5	F			Ga	
	William H.	2	M			Ga	
3	Stephens, Doctor	40	M	Farmer	200/130	Tn	13
	Jane	35	F			Tn	13
	George	13	M			Ga	
	William	10	M			Ga	
	Marshall	9	M			Ga	
	Nancy A.	7	F			Ga	
	Doctor	3	M			Ga	
	John	11/12	M			Ga	
4	Kirksey, George W.	37	M	Farm Laborer		NC	
	Francis	27	F			Tn	
	Margaret	8	F			Tn	
	Mary	6	F			Tn	
	Isabel	4	F			Tn	
	William	2	M			Tn	
5	Gass, Milton	48	M	Farmer	1,200/1,000	Ga	13
	Milly	51	F			Tn	13
	George	18	M			Ga	
	Josiah	16	M			Ga	
	Nathaniel	15	M			Ga	
	William	13	M			Ga	
	Nancy A.	12	F			Ga	
	Charles	8	M			Ga	
	Mary J.	6	F			Ga	
6	Gass, John	27	M	Farmer	350/300	Tn	13
	Nancy	21	F			Ga	
	John	4	M			Ga	
	Margaret	1	F			Ga	
7	Gass, Frederic	24	M	Farmer	300/300	Tn	
	Tennessee	22	F			Tn	13
	James	4	M			Ga	
	Betty J.	2	F			Ga	
	Andrew	1/12	M			Ga	

POST OFFICE -- TRENTON

8	Gass, James	22	M		100/300	Tn	
	Sophrona	23	F			Ga	
9	Wiyley, John	60	M	Farmer	1,000/500	SC	13
	Mary A	28	F			Tn	
	Martha J.	17	F			Ga	
	Jackson	15	M	Farm Laborer		Ga	
	Sarah	4	F			Ga	
	Nancy A.	2	F			Ga	
	Kirby, Minerva	12	F			Ga	
	William	10	M			Ga	
	Anna L.	4	F			Ga	
10	Wiyley, Marion	20	M	Farm Laborer	/100	Ga	
	Julina	23	F			Tn	13
11	Haney, Biorg	21	M	Miner	/50	Tn	
	Margaret	22	F			Ga	
	Laura A.	6/12	F			Ga	
12	Turlyfield, Wilson	81	M	Miner	/50	Va	
	Denson, Thomas	41	M	Miner	/100	England	
	Holly	34	F			SC	
13	Porter, Anderson	25	M	Miner	/50	Tn	
	Martha	19	F			Tn	
	Fanny	3	F			Ala	
	(Baby Boy)	11/12	M			Ala	
14	Murphy, Milton	34	M	Farmer	500/700	Va	
	Martha A.	22	F			Ga	
	Joseph F.	10/12	M			Ala	
	Mahan, Van Buren	20	M	Farm Laborer		Ala	
15	Morgan, Martin	38	M	Miner	/100	England	
	Elizabeth	40	F			England	
16	Watson, Ralph	29	M	Miner	/100	England	11
	Minnie	32	F			Switzerland	11
	Foiter, William	5	M			Pa	
17	Avoc, George	30	M	Miner		England	
	Green, James	30	M	Miner		Scotland	
18	Stephens, Jackson	21	M	Farm Laborer	/50	Ga	13
	Melissa	20	F			Ala	13
	Minerva	1/12	F			Ga	
19	Sitton, George W.	24	M	Farmer	/350	NC	
	Palestine	19	F			Tn	
	Melville B.	8/12	M			Ga	

POST OFFICE -- TRENTON

20	Mashburn, Matthew	56	M	Miller	/300	NC	13
	Ellen	40	F			NC	13
	David	21	M	Farm Laborer		Tn	13
	William	18	M	Farm Laborer		Tn	12
	Hulda	17	F			Tn	
	Matthew	15	M	Farm Laborer		Tn	12
	John	13	M			Tn	12
	James	11	M			Tn	12
	Levi	9	M			Tn	12
	Mary	6	F			Tn	
	Texas A.	4	F			Tn	
21	Sitton, Jacob	49	M	Farmer	4,500/2,400	Tn	13
	Ann	51	F			SC	
	William	19	M	Farm Laborer		Tn	
	Martha J.	21	F			Tn	
	Sally A.	14	F			Ga	
22	Morgan, John T.	37	M	Farm Laborer	/200	NC	
	Matilda A.	37	F			Tn	
	Mary J.	11	F			Ga	
	Martha A.	7	F			Ga	
	Ruth J.	5	F			Ga	
	William	2	M			Ga	
	George	10/12	M			Ga	
	Calhoun	17	M	Farm Laborer		Ga	
	John	14	M			Ga	
23	Page, Edward	31	M	Farm Laborer	/400	Ga	13
	Alia	31	F			Tn	13
	John	11	M			Tn	
	Margaret J.	9	F			Ga	
	Sina E.	4	F			Ga	
	William T.	2	M			Ga	
	Sarah E.	8/12	F			Ga	
24	Ross, William	40	M	Farm Laborer	/400	Tn	
	Mary	31	F			Tn	
	Marion L.	12	M			Ga	
	John M.	10	M			Ga	
	Lewis C.	3	M			Ga	
	Daniel W.	8/12	M			Ga	
25	Ross, Jane	55	F		1,000/300	NC	13
	Columbus	19	M	Farmer		Ga	
	Sullivan, John	21	M	Farm Laborer		Tn	
	Mary A.	17	F			Ga	
26	McKaig, Francis	57	M	Farmer	3,000/2,000	NC	
	Elizabeth	56	F			NC	
	Francis	17	M			Ga	12
	Hughes, Elizabeth	35	F	Domestic		Ala	

POST OFFICE -- TRENTON

27	McKaig, Andrew J.	25 M	Farm Laborer		Tn	
	Milly H.	19 F			Tn	
	Henry W.	1 M			Ga	
	(Infant)	3/12 M			Ga	
28	Earp, LaFayette	20 M	Farm Laborer		NC	
	Sarah	18 F			NC	
	William A.	7/12 M			Ga	
29	Quintin, Samuel	49 M	Farmer	600/200	Ky	13
	Anna B.	30 F			Ala	13
	Nancy	14 F			Ala	
	Anna	7 F			Ga	
	Cornelia	5 F			Ga	
	James B.	3 M			Ga	
	Hall, Anna	71 F	Midwife		SC	
30	Gross, Ephraim	39 M	Farmer	9,000/8,000	Va	
	Olive V.	36 F			Tn	
	Mary E.	15 F			Tn	
	Martha T.	14 F			Tn	
	Zachery T.	12 M			Tn	
	Henry C.	10 M			Ga	12
	John C.	7 M			Ga	12
	Daniel W.	5 M			Ga	
	Thomas	3 M			Ga	
	Willie	11/12 M			Ga	
31	Jenkins, William	40 M	Shoemaker	/100	Tn	13
	Ann	25 F			Ga	13
	Betsy A.	5 F			Ga	
	Cynthia L.	2 F			Ga	
	Nancy A.	1 F			Ga	
32	Gass, Andrew	20 M	Railroader	/125	Ga	11
	Melinda	23 F			Tn	11,13
33	Cross, William D.	26 M	Farmer	1,000/200	Tn	11
	Didama	21 F			Ga	11
34	Morgan, Manus	47 M	Farmer	3,500/1,000	SC	
	Isabel C.	40 F			Tn	
35	Oneal, Zechariah	56 M	Farmer	1,200/500	SC	
	Catherine	46 F			SC	
	Thomas J.	21 M	Carpenter		Ga	
	James A.	18 M	Farm Laborer		Ga	
	Elizabeth C.	16 F			Ga	
	Zybpha C.	14 F				12
	Permelia J.	10 F				12
	Adeline	7 F				
	(Little boy)	5 M				

POST OFFICE -- TRENTON

36	Haney, John	25	M	Farm Laborer		Tn	13
	Tennessee P.	25	F			Tn	13
	William H.	2	M			Ala	
	Susan	1	F			Ala	
37	Oneal, John W.	25	M	Farm Laborer	/200	Ga	
	Nancy J.	20	F			Tn	
	William T.	8/12	M			Ga	
38	Sutherland, John H.	37	M	Carpenter	50/200	SC	
	Sarah	45	F			Ga	13
	Clark	21	M	Farm Laborer		Ga	13
	Matilda	19	F			Ga	
	Andrew	13	M			Ga	
	Louisa	11	F			Ala	
	Morris	1	M			Ga	
39	Cartwright, Oliver C.	45	M	Farmer	/1,000	Tn	
	Mary	47	F			Tn	13
	Nancy A.	22	F			Tn	
	William T.	19	M	Farm Laborer		Tn	
	James B.	18	M	Farm Laborer		Tn	
	Julia	16	F			Tn	
	Louisa J.	14	F			Tn	
	Amanda M.	12	F			Ga	
	Leroy	7	M			Ga	
40	Litton, James H.	23	M	Blacksmith	500/240	NC	
	Mary E.	18	F			Tn	
	Jacob	2	M			Ga	
	John	1	M			Ga	
41	Brown, Granville	27	M	Blacksmith	200/700	Tn	
	Martha	24	F			Tn	
	Noah	2	M			Ala	
	John G.	11/12	M			Ga	
42	Wilkinson, Benjamin M.	45	M	Farmer	1,000/300	Ky	
	Mariah	25	F			SC	
	Benjamin F.	17	M			Tn	
	Mary F.	5	F			Ga	
	(Infant)	1	M			Ga	
43	Hanna, John G.	24	M	Gentleman	1,600/300	Tn	
	Virginia E. S.	22	F			Tn	
	(Infant)	5/12	M			Ga	
44	McBryan, Alfred M.	25	M	Farm Laborer	/50	NC	13
	Holly	24	F			Ga	13
	William	3	M			Ky	
	John	8/12	M			Ga	

POST OFFICE -- TRENTON

45	Allison, Hugh L.	38 M	Landlord	6,500/1,150	Tn	
	Mary	28 F			Tn	
	William L.	10 M			Ga	12
	Eliza J.	8 F			Ga	12
	Nancy A.	6 F			Ga	12
	John S.	4 M			Ga	
	Sarah E.	2 F			Ga	
	Robert	2/12 M			Ga	
	Graham, E. D.	19 M	Attny. at law	/500	Ga	
	Ragan, D. R.	23 M	Meth. E. Minister	/200	Tn	
46	McBee, Samuel	74 M	Hard Shell Bapt. Minister	800/350	SC	
	Silas B.	18 M	Railroader		Tn	12
	Silas J.	16 M			Ga	
	William H.	15 M			Ga	
	Milly	53 F			Ga	
	Martha	82 F			NC	
47	Stewart, John F.	23 M	Railroader	/110	Ala	11
	Elizabeth J.	18 F			Ga	11
48	Stevens, Shadrach	45 M	Farmer	500/750	Tn	
	Minerva	37 F			Tn	
	Calvin D.	20 M	Farm Laborer		Ga	
	Polly	15 F			Ark	
	James	12 M			Ga	
	Margaret	7 F			Ga	
	Rebecca	5 F			Ga	
	Elizabeth	11/12 F			Ga	
	Maxwell, Lucy J.	4 F			Ga	
49	Rogers, Ephraim T.	33 M	Merchant	2,700/10,190	Tn	
	Sarah B.	32 F			Tn	
	Rebecca J.	3 F			Ga	
	Martha A.	8/12 F			Ga	
	Wilkinson, John B.	26 M	Clerk		Tn	
50	Earp, Philip	52 M	Carpenter	150/75	Va	
	Francis	52 F			NC	
	Violet M.	15 F			Tn	12
51	Sells, Solomon	44 M	Farmer	4,000/1,500	Tn	
	Lucy	38 F			Tn	
	William H.	19 M	Farm Laborer		Tn	12
	John T.	9 M			Ga	12
	James F.	7 M			Ga	12
	Margaret E.	5 F			Ga	12
	Mary J.	4 F			Ga	
	Peter N.	2 M			Ga	
	Lovelady, Martha	30 F	Domestic		Tn	
	Sarah	9 F			Ga	12

POST OFFICE -- TRENTON

52	Nicholas, McKenzie	27 M	Bar Keeper	2,300/400	Tn	
	Margaret J.	20 F			Tn	
	Laura A.	1/12 F			Ga	
	Ray, Talitha	33 F	Domestic		Tn	
53	Derryberry, Milton	30 M	Merchant	7,000/6,000	Tn	
	Nancy	31 F			Ga	
	Jane	10 F			Ga	
	Caroline	5 F			Ga	12
	Milton F.	3 M			Ga	12
	Reeves, James	30 M	Clerk	/150	Tn	
	Gentry, Mary	22 F	Domestic		Ala	
54	Mann, Emanuel	40 M	Merchant	3,950/7,900	Md	
	Jane A.	38 F			Tn	
	Mary J.	16 F			Tn	
	Laura A.	14 F			Tn	
	Rowena	10 F			Ga	
	Catherine	8 F			Tn	
	William T.	6 M			Ga	
	Buck, William E.	27 M	Physician	1,200/3,550	Ga	
55	Majors, Elisha	30 M	Bar Keeper	1,000/850	Tn	
	S. C.	26 F			Tn	
	Valeria	6 F			Ala	12
	Nancy E.	10/12 F			Ala	
	Tidwell, Lee	15 M	Farm Laborer		Ga	
56	Earp, L. W.	26 M	Carpenter	/100	Tn	11
	Mary F.	18 F			Tn	11
57	Nichols, W. J.	42 M	Carpenter	/100	SC	
	Lear	28 F			Tn	
	Hiram H.	3 M			Ala	
	Ledusca	2 F			Ga	
58	Marshall, Richard	65 M	Carpenter	200/200	Va	
	Edna	58 F			SC	
	Harriet	18 F			Ga	
	Lavina	14 F			Ga	12
59	Maxwell, Moses	28 M	Blacksmith	/50	Tn	
	Francis E.	26 F			Ga	
	George D.	6 M			Ga	
	John C.	5 M			Ga	
	William G.	6/12 M			Ga	
60	Pack, Johnson	52 M	Blacksmith	/100	NC	13
	Matilda	31 F			Tn	13
	Elizabeth	22 F			Ga	13
	Bathias	14			Ga	Blind
	Sarah	12 F			Ga	
	Nancy	5 F			Tn	
	William	10/12 M			Tn	
	Johnson, Allen	13 M			Tn	
	Molly Lee	12 F	(illegible)		Tn	12

POST OFFICE -- TRENTON

61	Haskins, William A.	30	M	Brick Mason	/150	Ga	
	Rebecca A.	26	F			Tn	
	William T.	11	M				
	Robert H.	9	M				
	Doctor H.	7	M				
	James J.	5	M				
	Peter F.	2	M				
	Sarah F.	6/12	M				
62	Meadow, Martha	63	F	Landlady	3,000/2,000	Va	
	Gardenhire, Matilda	40	F	Domestic		Tn	
	Martha	13	F			Tn	
	James M.	9	M			Tn	
	Clark, James	10	M	(Mulatto)		Tn	12
63	Steel, Alaxander	42	M	Farmer	/1,000	Ala	13
	Nancy	43	F			Ky	13
	Elizabeth T.	21	F			Ill	13
	Charles O.	19	M	Farm Laborer		Ala	12
	Isaac L.	18	M	Farm Laborer		Tn	
	James	16	M			Ala	
	Calvin	14	M			Ala	
	Permelia	12	F			Ala	
	Abraham	10	M			Ga	12
	Matilda	7	F			Ga	12
	William	4	M			Ga	
	Ephraim	2	M			Ga	
	Mary	11/12	F			Ga	
64	Sharmen, Thomas W.	25	M	Blacksmith	/1,000	Tn	
	Maria A.	21	F			Tn	
	John F.	2	M			Ga	
	Julius O.	8/12	M			Ga	
	George W.	20	M	Blacksmith		Miss	
65	Quinlin, James H.	43	M	Farmer	/100	Ky	13
	Elizabeth	37	F			Ala	13
	LaFayette	19	M	Farmer		Ga	
	Columbus	16	M			Ga	
	Kingsberry	14	M			Ga	
	Nancy	12	F			Ga	
	William	7	M			Ga	
	McKenzie	4	M			Ga	
	Eliza J.	2	F			Ga	
66	Buck, Giles C.	49	M	Wagon Maker	/150	Ky	
	Mary	38	F			Ky	
	Rebecca	13	F			NC	12
	Francis	10	F			Tn	12
	James	2	M			Tn	

POST OFFICE -- TRENTON

#	Name	Age	Sex	Occupation	Value	Birthplace	School
67	Pace, Benjamin F.	34	M	Farmer	1,000/2,000	NC	
	Amanda	25	F			Tn	
	Mary	3	F			Ga	
	Lenora	2	F			Ga	
	Gardenhire, Susan	15	F			Tn	
	Pace, Jeremiah G.	25	M	Clerk		Ga	
68	Tidwell, Lucy	49	F	Laundress	/150	Ga	
	Jesse	18	M	Farm Laborer		Ga	12
	Mary	13	F			Ga	12
69	Dutton, Thomas	35	M	(Mulatto) Farm Laborer		Unknown	13
	Mary E.	21	F			Unknown	13
	Ann	9	F	(Mulatto)		Ga	
70	Chaffin, Amos	55	M	Farm Laborer	/100	NC	
	Delilah	55	F			SC	13
71	Wilkinson, James J.	25	M	Miller	/100	Tn	
	Elizabeth	18	F			Ga	
	Benjamin	19	M	Farm Laborer		Tn	
72	Olivar, James	33	M	Farm Laborer	/200	Tn	
	Rachel	31	F			Tn	13
	John C.	10	M			Tn	
	Martha V.	8	F			Tn	12
	Mary E.	5	F			Tn	12
	Jesse	5	M			Tn	12
	Lear T.	4	F			Tn	
	George W.	2	M			Ga	
73	Harget, Johnson	63	M	Farm Laborer	/50	NC	
	Polly	50	F			Ga	
	Nancy H.	17	F			NC	
	Richard	15	M			NC	
	Lilla	13	F			NC	
	Daniel	10	M			NC	
74	Stewart, James	68	M	Farm Laborer	1,000/300	NC	
	Lucy	52	F			Ga	13
	Quinlin, William	8	M			Ga	
75	Thomas, John	30	M	Stone Cutter	/50	Va	
	Jane	27	F			Ga	
	Albert A.	10	M			Ga	12
	William C.	5	M			Ga	
76	Jones, Richard	29	M	Farm Laborer	/250	Tn	
	Sarah	30	F			Tn	
	Amanda	8	F			Ga	12
	William H.	6	M			Ga	12
	John	4	M			Missouri	
	Hugh	2	M			Ga	
	(Infant)	3/12	M			Ga	

POST OFFICE -- TRENTON

77	Taylor, Drucilla	44 F		2,000/7,500	Tn	
	James C.	36 M	Farmer	1,300/400	Tn	
	Parry Lee	20 F			Ga	
	Mary A.	27 F			Ga	
	Margaret	19 F			Ga	
	Jane	17 F			Ga	
	Elizabeth	16 F			Ga	
	Lucy	14 F			Ga	12
	Cansaida	13 F			Ga	12
	Martha A.	7/12 F			Ga	
78	Oneal, George W.	25 M	Farm Laborer	/125	Ga	
	Milly	17 F			Tn	
	George W.	9/12 M			Tn	
79	Jacoway, John G.	41 M	Attny. at Law	3,000/1,185	Ky	
	Elizabeth A.	30 F			Tn	
	William	14 M			Tn	
	Susan	12 F			Ga	
	Thomas	10 M			Ga	
	Henry	8 M			Ga	
	Lucy	7 F			Ga	
	John	6 M			Ga	
	Nancy C.	2 F			Ga	
	Theodosia C.	1 F			Ga	
	Branham, Elizabeth	20 F	Domestic		Ala	
80	Bryant, J. R.	25 M	Farm Laborer	/50	Ga	
	Lucy	23 F			Ga	13
	Minerva J.	6 F			Ga	12
	Isabella C.	4 F			Ga	12
	Sarah P.	3 F			Ga	
	Nancy E.	2 F			Ala	
	Alaxander W.	3/12 M			Ga	

POST OFFICE -- RISING FAWN

81	Stokes, Young	48 M	Farmer	800/500	Ga	
	Lawson H.	25 M	Blacksmith		Ala	
	G. J.	21 M			Tn	
	Anna C.	16 F			Tn	12
	Martha A. B.	15 F			Ga	
	Levi	11 M			Ga	12
	Noah	9 M			Ga	12
	Thomas	3 M			Ga	
	Josephus	2 M			Ga	
82	Stokes, William	24 M	Farm Laborer		Ala	
	Mary	21 F			Ala	
	Andrew J.	7/12 M			Ga	
83	Smith, George W.	20 M	_____ Artist		Ga	
	Arminda	20 F			Ga	
	Buttariia	2 F			Ga	
	Smith, Henry	95 M	Farmer	2,000/500	NC	
	Wisener, Mary A.	14 F			Ga	
84	Hoskins, James A.	44 M	Farmer	1,800/300	NC	
	Nancy	42 F			SC	
	William G.	17 M			Ga	
	Rebecca A.	14 F			Ga	
	James N.	11 M			Ga	
	Sarah F.	8 F			Ga	
	Maria A.	5 F			Ga	
	Nancy J.	3 F			Ga	
85	Hoskin, John H.	38 M	Farm Laborer	/500	NC	
	Matilda	12 F			Ala	
	Robert	10 M			Ala	
	Ann	8 F			Ala	
	Eliza J.	6 F			Ala	
86	Serags, Moses	42 M	Farmer	2,000/400	Unknown	
	Jane	43 F			Tn	13
87	Nesbet, John	22 M	Farmer	8,000/6,500	Ga	
	J. C.	20 M	Farmer		Ga	
88	Street, Alfred	52 M	Farmer	1,400/400	Tn	
	Mary	60 F			Va	
	Hughes, Sarah	61 F		/4,000	Va	
89	Street, Francis	28 M	Farmer	/1,800	Tn	
	M. J.	30 F			Tn	
	Mary	8 F			Ga	
	Alfred	6 M			Ga	
	John	3 M			Ga	
	Louisa J.	10/12 F			Ga	

POST OFFICE -- RISING FAWN

#	Name	Age	Sex	Occupation	Value	Birthplace	
90	Blevins, James	34	M	Farm Laborer	/180	Ky	
	Sarah	30	F			Tn	
	Rhoda	10	F			Ala	12
	John	8	M			Ala	12
	James G.	6	M			Ala	
	William C.	4	M			Ala	
	Irena	10/12	F			Ga	
91	Steel, Lewis	28	M	Farm Laborer	/100	Tn	13
	Ann	28	F			Ky	
92	Burnet, Buford	42	M	Farmer	1,700/1,000	Va	
	Elizabeth	31	F			Tn	
	Moppin, Jane E.	16	F			Tn	12
	Thompson P.	14	M			Tn	12
	Bettie B.	10	F			Tn	12
	Burnet, Eliza Y.	2	F			Tn	
93	Scrugs, John	49	M	Farmer	400/100	Ala	
	Mary	38	F			Tn	13
	Nancy J.	12	F			Tn	12
	James	8	M			Tn	12
	William M.	7	M			Tn	
	John	4	M			Tn	
	Matilda	10/12	F			Ga	
94	Morrison, A. R.	35	M	Attorney at Law	/200	Ga	
	Louisa	18	F			Ga	12
95	Austin, S. B.	42	M	Farmer	500/3,000	Ala	
	Mary A.	40	F			Ky	13
	Hezekiah H.	16	M			Ga	12
	Nancy J.	15	F			Ga	12
	William R.	14	M			Ga	12
	Michael L.	10	M			Ga	12
	John W.	6	M			Ga	12
	Sarah E.	4	F			Ga	12
96	Warren, William	43	M	Farmer	/1,000	Tn	13
	Martha J.	36	F			Tn	13
	Samuel H.	18	M	Farm Laborer		Tn	
	William	17	M	Farm Laborer		Tn	
	John M.	15	M	Farm Laborer		Tn	
	Mary F.	13	F			Tn	12
	Georgia A.	7	F			Tn	12
	Stafford, Anderson	23	M	Farm Laborer		Unknown	
97	Beckham, William T.	35	M	Farmer	400/400	Tn	13
	Jane	34	F			Ga	
	Susan S.	1	F			Ga	

POST OFFICE -- RISING FAWN

98	Beckham, Susan	62 F			/50	SC	13
	Nancy M.	28 F				Tn	
	George W.	16 M	Farm Laborer			Ala	
	Saturwhite, Susan	4 F				Ga	
	John W.	3 M				Ga	
99	Black, Burket	39 M	Farm Laborer		/60	Ga	
	Martha J.	28 F				Tn	13
	Sarah A.	10 F				Ga	
	Nancy J.	8 F				Ala	
	William	6 M				Ga	
	John	3 M				Ga	
100	Beckham, John E.	20 M	Farm Laborer		/100	Ala	13,11
	Susan	13 F				Ga	11
101	Forester, Peter	32 M	Farmer	1,000/800		Tn	
	Lucy A.	21 F				Ala	13
	George	13 M				Ga	
	Marion	1 M				Ga	
	Rebecca	14 F			/1,000	Ga	
	Saturwhite, Davis	30 M	Farm Laborer			Ala	
102	Bohannan, Osaih	43 M	Railroader		/100	Tn	13
	Sarah	38 F				Tn	13
	Nancy A.	14 F				Ala	12
	William E.	11 M				Ala	12
	Martha E.	9 F				Ala	12
	Charles H.	8 M				Ala	
	Susan J.	5 F				Ga	
	Scobel C.	1 F				Ga	
	Bay, John	24 M	Railroader			Ala	
	Hamilton, George	25 M	Railroader			Tn	
103	Frizzelle, A. C.	24 M	Railroader		/50	Tn	11
	A. M.	18 F				SC	11
	Rockholt, Francis	30 M	Railroader		/50	Tn	
104	Beach, S. H.	45 M	Railroader		/100	SC	13
	Jacky	43 F				SC	
	Elizabeth	17 F				SC	12
	Jefferson	15 M	Railroader			SC	
	John	12 M				SC	
	William	10 M				SC	12
	Susan	6 F				Ga	
	Sarah	4 F				Ga	
	Abraham	1 M				Ga	
	Frizzelle, Turleton	28 M	Railroader			Tn	13

POST OFFICE -- RISING FAWN

105	Swafford, Moses	47 M	Railroader		Tn	
	Sarah	48 F			SC	13
	Margaret	18 F			Ala	
	John	17 M	Railroader		Ala	12
	Winston	16 M	Railroader		Ala	12
	Laura A.	13 F			Ala	12
	Nancy P.	10 F			Ala	12
	Owens, Robert	25 M	Railroader		SC	
	Herngen, Moses	23 M	Railroader		Ala	13
	Smith, Moses	18 M	Railroader		Tn	
106	Hammock, Joseph	35 M	Railroader		Tn	
	Mary	31 F			Ala	13
	William	8 M			Ala	12
	John	7 M			Ala	12
	Mary J.	4 F			Ala	
	Sarah	1 F			Tn	
	Nathan	1/12 M			Ga	
	Sandigo, Orlena	35 F	Domestic		Ala	
107	Eastin, James	25 M	Railroader	/50	Tn	
	Narcissus	21 F			Ala	
	Sarah E.	2 F			Ala	
	Roam, Sussael	8/12 F			Ala	
108	Beckham, James M.	23 M	Farm Laborer	/250	Ala	13
	Mangrum, Martha E.	17 F	Domestic		Ga	12
	Beckham, Lucinda	19 F			Ala	
	William J.	2 M			Ala	
	James A.	5/12 M			Ala	
	Jessie	24 M	Railroader		Ala	
109	Mangrum, Howell	44 M	Farm Laborer	/100	Ga	13
	Jane	43 F			NC	13
	George S.	14 M			Ga	12
	Heju J.	11 M			Ga	12
	Emily C.	7 F			Ala	12
110	Hooper, Cisuelton	46 M	Wagon maker	/300	Tn	13
	Louisa	36 F			NC	13
	Dianna	14 F			Tn	
	Minerva J.	11 F			Tn	
	Amanda	10 F			Tn	
	Ellen	8 F			Tn	
	Mary	6 F			Tn	
	Martha	5 F			Tn	
	Samuel M.	4 M			Tn	
	Emily	3 F			Tn	
	John H.	2 M			Ga	

POST OFFICE -- RISING FAWN

111	Blevins, Johnathan	42 M	Farmer	5,000/500	Ky	
	Emily	38 F			Tn	13
	Nancy	22 F			Tn	
	Richard	18 M			Ala	12
	Louis	17 M			Ala	12
	William	15 M			Ala	12
	Sarah	13 F			Ala	12
	Robert	12 M			Ala	12
	Melvina	10 F			Ala	12
	John C.	7 M			Ala	12
	Camheden	5 M			Ala	12
	Gaines	2 M			Ala	
112	Forester, Edward	26 M		2,500/500	Tn	
	Elizabeth A.	22 F			Tn	
	John	5 M			Ga	
	Bettie	2 F			Ga	
	Joshua	4/12 M			Ga	
113	Forester, Elisha	26 M		2,500/500	Tn	
	Lavina	23 F			Tn	
	Elizabeth	3 F			Ga	
	(Infant)	1 M			Ga	
	David	2 M			Ga	
114	Flekher, James	43 M	Wagon Master	300/150	NC	13
	Hannah	44 F			Ga	13
	James W. H. H.	17 M	Farm Laborer		Ga	
	Andrew D. J.	15 M	Farm Laborer		Ga	
	Joseph T.	12 M			Ala	
	Peter C.	11 M			Ala	
	Mary	9 F			Ala	
	Francis D.	6 M			Ala	
	Elijah	3 M			Ga	
	George W.	1 M			Ga	
115	Saturwhite, M.	62 M	Farmer	/300	Tn	13
	Phinly	55 F			Tn	13
	Rebecca	12 F			Ga	12
	John	10 M			Ga	12
116	Jones, Asa	45 M	Farm Laborer	/500	Ga	
	Mary	42 F			Ga	
	Martin W.	21 M			Ga	
	Maria L.	16 F			Ga	
	William C.	15 M			Ga	12
	John S. H.	14 M			Ga	12
	Mary A. A.	10 F			Ga	12
	Wayne	8 M			Ga	12
	Martha J.	4 F			Ga	
	Isa F.	8/12 M			Ga	

POST OFFICE -- RISING FAWN

117	Tatum, Lafayette	29 M	Farmer	2,000/400	Ga	
	Mary	26 F			Ga	
	Alijah C.	7 M			Ala	
	William H.	4 M			Ala	
	Elisha S.	1 M			Ga	
	Forester, Eveline	22 F			Ga	
118	Forester, Ceolinder	20 M	Farmer	/2,000	Ga	
	Lucian	17 F			Ala	
	Lucy A.	1 F			Ga	
119	Morris, Thomas J.	28 M	Farm Laborer		Ga	
	Francis S.	26 F			Ga	
	Mary J.	7 F			Ga	
	Martha A.	6 F			Ga	
	Nancy T.	4 F			Ga	
	Harrison (?)	2 F			Ga	
120	Wade, Richard P.	28 M	Farm Laborer	/100	Ga	13
	Terresa A.	23 F			Ga	13
	Gibson	11 M			Ga	12
	Irena	7 F			Ga	12
	Nancy A.	4 F			Ga	
	Sarah M.	3 F			Ga	
	Clark, Susan	57 F			SC	13
121	Tatum, Pierce A.	34 M	Farmer	5,000/550	NC	
	Elizabeth	30 F			Tn	
	Robert P.	9 M			Ga	12
	George H.	7 M			Ga	12
	Charles M.	5 F			Ga	12
	Charles	3 M			Ga	
	Edward L.	1 M			Ga	
122	Grayson, Thomas	40 M	Farmer	1,700/2,600	Tn	
	Elizabeth	23 F			Ga	
	Louisa	14 F			Tn	
	Isabel	12 F			Ga	
	Mary A.	9 F			Ga	
	John	5 M			Ga	
	Jains	3 M			Ga	
	William	1 M			Ga	
123	Killian, Franklin	38 M	Farmer	1,400/600	Tn	
	Jane	34 F			Ga	
	William	14 M			Ga	12
	Mary E.	12 F			Ga	12
	Thomas N.	10 M			Ga	12
	Joseph L.	6 M			Ga	12
	Nancy J.	4 F			Ga	
	Manes S.	2 M			Ga	

POST OFFICE -- RISING FAWN

124	Warren, Charles	30 M	Railroader	/65	Ga	13
	Mary E.	32 F			Ga	13
	John L.	7 M			Ga	
	Mary C.	5 J			Ga	
	James R.	4 M			Ga	
	Mary A.	1 F			Ga	
125	Herring, Johnson	25 M	Railroader	/25	Tn	
	Susan	25 F			Ga	
	Hiram	1 M			Ga	
126	Keith, Rufus S.	49 M	Farm Laborer	100/500	Tn	
	Nancy A.	47 F			Tn	13
	Laura C.	21 F			Tn	
	Martha A.	16 F			Ga	
	Calvin	10 M			Ga	12
	Florida	6 F			Ga	12
	Melissa	5 F			Ga	
127	Herring, Joseph	25 M	Railroader		Tn	13
	Zoraida	18 F			Ga	
	Keith, Mary J.	4 F			Arkansas	
128	Roach, Keziah	61 F		400/200	Va	13
	Patten, Sarah	40 F			Tn	13
	Nancy	17 F			Ga	12
	Elizabeth	14 F			Ga	12
	Bradford	20 M	Farm Laborer		Ga	13
	John	16 M	Farm Laborer		Ga	
	Richard	20 M			Ga	13
129	Durham, Philip	50 M	Farm Laborer	/100	Tn	13
	Caroline	45 F			Tn	13
	Maria	13 F			Tn	12
	Martha J.	7 F			Tn	12
	Julia A.	6 F			Tn	
	Lorania	4 F			Ala	
130	Stephens, Galatin	49 M	Farmer	5,200/2,000	SC	
	Chany	50 F			NC	
	Mary E.	21 F			Ga	12
	Martha	19 F			Ga	
	Eveline	16 F			Ga	
	Mary	14 F			SC	
	Sings (Lings?), William M.	9 M			Ga	12
	Mary A.	8 F			Ga	
	John T.	6 M			Ga	
	Sarah E.	3 F	Bar Keep (?)		Ga	
	Martha E.	1 F			Ga	
131	Smith, Philip	30 M			Germany	
	Mary	16 F			Ga	
	John	4 M			Ga	
	William	3 M			Ga	

POST OFFICE -- RISING FAWN

132	Gatkand (?), James	32 M	Farmer	/900	Ga	13
	Harriet	26 F			Tn	
	Maria F.	8 F			Ala	
	William T.	6 M			Ala	
	James B.	3 M			Ala	
	Missy M.	1 F			Ala	
	Polly J.	60 F			Ga	13
133	Grimm, Covington C.	43 M	Farmer	4,460/400	Tn	
	Eveline	35 F			Tn	
	Sarah D.	16 F			Ga	
	Mary E.	15 F			Ga	
	John R.	14 M			Ga	12
	Francis S.	11 M			Ga	12
	Julia M.	9 F			Ga	12
	Minerva A.	7 F			Ga	12
	Lorenda H.	5 F			Ga	12
	Jessie B.	3 M			Ga	
	Charles A.	1 M			Ga	
134	Bryant, H. D.	30 M	Rail Roader		Tn	
	Mary A.	22 F			Tn	13
	Moses	1 M			Tn	
135	Bryant, James	22 M	Rail Roader		Tn	13
	Elizabeth	20 F			Tn	13
	John S.	2 M			Ga	
	Phebe E.	1 F			Ga	
136	Bollinger, William	16 M	Rail Roader	4,460/1,300	Tn	
	Nancy	17 F			Ala	
	Phebe	37 F			SC	
	Posy	35 F			SC	
	Sarah A.	19 F			SC	
	James	14 M			SC	
	Mary	12 F			SC	
	Washington	9 M			SC	
	Maxwell, Sarah	1 F		/25	Ga	
137	Atkins, William W.	40 M	Physician	50/1,500	SC	
	Cornelia A.	36 F			NC	
	Josephina	17 F			Ga	12
	James S.	15 M			Ga	12
	Julia A.	13 F			Ga	12
	Mary E.	12 F			Ga	12
	Matthew A.	9 M			Ala	12
	Augusta	5 F			Ala	
	William L.	4 M			Ga	
	Florida A.	6/12 F			Ga	

POST OFFICE -- RISING FAWN

138	Stewart, John	52 M	Farmer	3,000/1,000	Tn	
	Mary	45 F			Tn	
	Robert	26 M			Ala	
	Alexander	19 M			Ga	
	William	17 M			Ga	
	Joseph	11 M			Ga	
	Sarah A.	15 F			Ga	
	Virginia	5 F			Ga	
	Susanna	17 F			Ala	
	Margaret	16 F			Ala	
139	Evans, Leonidas	34 M	Blacksmith	1,200/2,100	Tn	
	Elizabeth	28 F			Tn	
	John	11 M			Ga	12
	George	10 M			Ga	12
	America	7 F			Ga	12
	James	5 M			Ga	12
	Mary	3 F			Ga	
	Abraham	2 M			Ga	
	Tennessee	6/12 F			Ga	
	Wood, _____	17 F			Ga	
140	Easley, Charles B.	24 M	Farmer	/2,500	Ga	
	Jane	20 F			Ga	
	Richard W.	2 M			Ga	
	(Infant)	1/12 F			Ga	
141	Coleman, Joseph	41 M	Bar Keeper	350/100	Ky	
	Sarah E.	27 F			Ga	
	Robert S.	5 M			Ga	
	Thomas S.	3 M			Ga	
	Elizabeth M.	1 F			Ga	
142	Doyel, E. C.	33 M	Wagon Maker	500/5,000	Ala	
	Eliza W.	33 F			NC	
	John E.	9 M			Ga	
	Nana	7 F			Ga	
	Ira	5 M			Ala	
	Cicero	3 M			Ala	
	Charles	1 M			Ala	
	Smith, Alexander	18 M	Apprentice Wagon Maker		Va	
143	Blevins, William	50 M	Rail Roader	/400	Ky	13
	Melinda	40 F			Tn	13
	Matilda	20 F			Tn	13
	James	17 M	Rail Roader		Ala	
	Johnathan	15 M	Rail Roader		Ala	12
	Nancy	14 F			Ala	12
	Lewis	12 M			Ala	12
	William	8 M			Ga	
	Jerry	6 M			Ga	
	Cooper, Peter	17 M	Rail Roader		Ala	

POST OFFICE -- RISING FAWN

144	Cooper, Harmon	29 M	Rail Roader	/25	Tn	
	Dililah	28 F			Tn	13
	Milly	11 F			Ga	
	Elizabeth	7 F			Ala	
	James	4 M			Ga	
	Ann	1 F			Ga	
145	Simpson, Cumming	32 M	Rail Roader	/75	Tn	13
	Tennessee	20 F			Tn	13
	William	12 M			Ala	
	Nancy J.	8 F			Ala	
	James M.	7 M			Ala	
	Sarah M.	5 F			Ala	
	Johnathan	2 M			Ala	
	Samuel B.	1 M			Ga	
146	Cooper, James	38 M	Rail Roader	/100	Ala	13
	Mary	21 F			Ala	13
	Mary E. A.	13 F			Ala	12
	Nancy	10 F			Ala	12
	Gaines	7 M			Ala	
	Martha	1 F			Ala	
147	Holoway, Jackson	24 M	Rail Roader	/25	Ga	
	Emily	19 F			Ala	
	Sarah A.	2 F			Ala	
148	Griffy, Fletcher	21 M	Rail Roader	/25	Tn	13
	Eveline	44 F			Tn	13
	William	18 M	Rail Roader		Ala	
	James	14 M			Ala	
149	Blevins, Gaines	29 M	Rail Roader	/25	Ga	
	Elizabeth	24 F			Ala	
	William R.	4 M			Ala	
	Nancy	3 F			Tn	
	Sarah C.	1 F			Tn	
150	Cuzzens, Jesse	26 M	Rail Roader	/25	Tn	13
	Lucinda	24 F			Tn	13
	Alexander	4 M			Ala	
	Shelby	1 M			Ala	
151	Winters, Uriah	77 M	Rail Roader	/50	Va	13
	Matilda	45 F			SC	13
	Jackson	21 M			SC	
	Leander	15 M			SC	
	Ellington P.	12 M			SC	
	Lorenzo D.	9 M			Ga	
	Martha J.	5 F			Ga	
	Lewis M.	3 M			Ga	
	Jones, Mary A.	16 F			SC	

POST OFFICE -- RISING FAWN

152	Boyles, James	49 M	Rail Roader		Ireland	
	Elizabeth	47 F			SC	13
	Isabella	17 F			SC	
	Lavina	13 F			Tn	
	Michael	10 M			Tn	
	Hugh	6 M			Ga	
	Lavina	3 F			Ga	
153	O'Donnell, Michael	49 M	Rail Roader	/200	Ireland	13
	Catharine F.	48 F			Ireland	13
	Lawrence	5 M			Tn	
	Garwin, Nicholas	49 M	Rail Roader		Ireland	13
	Dalton, Michael	25 M	Rail Roader		Ireland	13
	Magloon, Patrick	26 M	Rail Roader		Ireland	
	Coney, Patrick	24 M	Rail Roader		Ireland	13
154	Riarden, Jeremiah	41 M	Rail Roader	/50	Ireland	
	Julia	35 F			Ireland	13
	John	13 M			Ga	12
	Ellen	11 F			Ga	12
	Henry	8 M			Ga	12
	Michael	9 M			Ga	
	Kate	1 F			Ga	
155	Flaherty, Patrick	57 M	Rail Roader	/25	Ireland	13
	Jenny	48 F			Ireland	13
	John	18 M			Ireland	
	Bridget	3 F			Tn	
	Patrick	3/12 M			Ga	
156	Easley, Benjamin	60 M	Farmer	5,000/3,600	Ga	11
	Martha J.	17 F			Tn	11
	Benjamin	14 M			Ga	12
	Charles W.	16 M			Ky	12
157	Hale, Mark	64 M	Farmer	1,200/500	Tn	
	Nancy	51 F			Va	13
	Martha	31 F			Tn	13
	John	23 M	Farm Laborer		Tn	
	Mark	18 M	Farm Laborer		Tn	12
	Willis, Elizabeth	8 F			Tn	
	Sarah M.	5 F			Arkansas	
	Rachel S.	1 F			Arkansas	
	William W.	31 M			Arkansas	
	Martha	26 F			Tn	
	Mark H.	5 M			Tn	

POST OFFICE -- RISING FAWN, GEORGIA

158	Lucas, Henderson	40 M	Farmer	/250	Ky	13
	Rebecca	30 F			Tn	13
	Henderson	18 M			Ky	
	John	9 M			Tn	
	Sarah J.	6 F			Tn	
	Isaac	4 M			Ala	
	Richard	1 M			Ga	
	Slavy, Julia	26 F			Tn	
	Emeline	4 F			Ala	
159	Reaves, Alfred	25 M	Farm Laborer	/50	Tn	13
	Margaret	20 F			Tn	13
	Sarah E.	2 F			Ga	
	Cusoder (?), Sarah	21 F			Tn	13
160	Hemp, Samuel	30 M	Farm Laborer	/200	Tn	
	Polly	29 F			Tn	13
	Ephraim	10 M			Ga	
161	Chadwick, William	38 M	Farmer	2,000/600	Tn	
	Aga A.	31 F			Tn	
	George	14 M			Ga	12
	Sarah A.	12 F			Ga	12
	Thomas J.	9 M			Ga	12
	Alexander	8 M			Ga	12
	Samuel	5 M			Ga	
	Jackson	3 M			Ga	
	Chaney E.	9/12 F			Ga	
162	Cross, Solomon	49 M	Farmer	3,000/5,200	NC	
	Mary	45 F			Tn	
	O'Neal, Ellen	10 F			Ala	12
163	Blevins, James W.	30 M	Farmer	500/500	Tn	
	Elizabeth A.	26 F			Ala	
	Mary M.	11 F			Ga	
	Elizabeth C.	6/12 F			Ga	
	Jenkins, Leroy T.	10 M			Ga	12
164	Cooper, John	35 M	Farmer	/75	Tn	13
	Louisa	36 F			Tn	13
	Isaac	10 M			Ga	12
	Melinda	9 F			Ga	12
	Willie	5 M				
	Elizabeth	1 F				
165	Mincher, Tilman	45 M	Farmer	/150	Tn	13
	Nancy	66 F			NC	13
166	Mincher, John	40 M	Farmer	/50	Tn	13
	Maria	26 F			Ky	13
	Alexander	9 M			Ga	12
	Henry	6 M			Ga	
	Tilman	4 M			Ga	
	Nancy J.	10/12 F			Ga	

POST OFFICE -- RISING FAWN, GEORGIA

167	Blevins, Richard	22	M	Rail Roader	/800	Ala	13
	Sarah	18	F			Ala	
	Matilda V.	1	F			Ga	
168	McKaig, Hugh	37	M	Farmer	/500	Tn	
	Emily	36	F			Tn	
	Clay	13	M			Ga	12
	James	11	M			Ga	12
	Sarah	9	F			Ga	12
	Francis	7	M			Ga	12
	Alafair	5	F			Ga	
	Robert	4	M			Ga	
	Moorse	2	F			Ga	
	(Infant)	1/12	F			Ga	
169	Jones, William	62	M	Farm Laborer	/200	Ga	13
	Ami H.	57	F			Ga	13
	Margaret	27	F			Ga	13
	Warrenton	20	M			Ga	12
	James W.	17	M			Ga	12
	Henry W.	17	M			Ga	12
	Lerania	16	F			Ala	12
	William F.	13	M			Ga	12
170	Teig, Delilah	37	F			Ga	13
	Eugenias A.	8	M			Ga	12
	Walter T. C.	5	M			Ala	
	Sarah A.	8	F			Ga	
171	Earp, Thomas	51	M	Carpenter	/200	Va	
	Julia	35	F			Tn	13
	Romulus	16	M			Ga	12
	Elizabeth A.	15	F			Tn	12
	Levina C.	13	F			Ga	12
	Lowell M.	9	M			Ga	
	Francis M.	4	M			Ga	
172	Lea, Alexander	36	M	Farmer	/600	Tn	
	Eliza A.	27	F			Tn	
	Margaret	14	F			Tn	12
	Pleasant	13	M			Tn	12
	Mary C.	12	F			Tn	12
	Sarah	11	F			Tn	12
	John R.	9	M			Tn	
	Rebecca E.	7	F			Tn	
	Jepa H.	4	M			Tn	
	Nancy J.	3	F			Ga	
	(Infant)	1/12	F			Ga	
173	Smith, Benjamin	45	M	Blacksmith	/100	Tn	13
	Susan A.	49	F			Tn	13
	Amos L.	16	M			Ala	12
	Mary E.	13	F			Ga	12
	Elvina	2	F			Ga	

POST OFFICE -- RISING FAWN, GEORGIA

174	McKaig, John	67	M	Farmer	1,800/6,000	NC	
	Selina	57	F			NC	
	Tullingen, Sarah	85	F			Pa	
175	Allen, John	36	M	Farmer	1,200/300	Ky	
	Elizabeth	29	F			Tn	
	William R.	10	M			Ala	12
	Mary J.	8	F			Ala	12
	Martha C.	7	F			Ala	
	Caroline E.	7/12	F			Ga	
176	Steel, Jacob	49	M	Rail Roader	/500	Tn	13
	Celia	49	F			Ky	13
	Sarah	31	F			Tn	13
	John	30	M			Tn	13
	Pheniza	15	F			Ala	12
	Milly	13	F			Ala	12
	Martha	11	F			Ala	12
	Edith	9	F				12
	Amanda	5	F			Ga	
	(young boy)	4	M			Ga	
	Toby	1/12	M			Ga	
177	Steel, Christian	19	M	Rail Roader	/10	Ala	
	Margaret	18	F			Ala	
178	Starling, Isaac	46	M	Farmer	/400	Tn	
	Lucinda	34	F			Ala	13
	Joanna	11	F			Ala	
	Maria	7	F			Ala	
	Ellen	3	F			Tn	
	Leroy	1/12	M			Ga	
179	Highfield, John	27	M	Farmer	400/200	Ga	
	Marianna	24	F			Ga	
	Ellinder	6	F			Ga	
	Lucy	2	F			Ga	
180	Gilbreath, John	33	M	Rail Roader	/50	Ala	
	Mary	27	F			Ala	
	Swanee	5	M			Ala	
	Lansford	3	M			Ala	
	Catlet	2	M			Ala	
	Hiram	1/12	M			Ga	
	Harris, Hillard	7	M			Ga	12
	Joseph	4	M				
181	Francis, Josiah	23	M	Farm Laborer	/100	Tn	
	Nancy	20	F			Ga	
	Polly A.	1	F			Ga	
182	Cooper, Jenny	65	F			SC	13
	Peter	18	M	Farm Laborer		Ga	
	Nancy J.	16	F			Ga	
	Gaines	13	M			Ga	12

POST OFFICE -- RISING FAWN, GEORGIA

183	Hale, S. W.	40 M	Farmer	1,000/600	Tn	
	Sarah J.	30 F			Tn	
	Laura	14 F			Ga	12
	John G.	12 M			Ga	12
	Mary M.	10 F			Ga	12
	Alexander	8 M			Ga	12
	Covington	5 M			Ga	
	Charles	2 M			Ga	
184	Fletcher, James	43 M	Cabinet Maker	200/150	NC	13
	Hannah	44 F			Ga	13
	James W. H. H.	17 M			Ga	
	Andrew D. G.	15 M			Ga	
	Joseph T.	12 M			Ala	
	Peter C.	11 M			Ala	
	Mary	9 F			Ala	
	Francis D.	6 M			Ala	
	Elijah	3 M			Ga	
	George W.	1 M			Ga	
185	Hanna, Alexander B.	53 M	Farmer	10,000/15,000	Ky	
	Matilda W.	52 F			Tn	
	Stewart, George	23 M			Ala	12
186	Guinn, John	75 M	Farmer	810/2,100	NC	
	Sarah	72 F			Va	
187	Cooper, Gaines	26 M	Farm Laborer		Tn	13
	Lucretia	17 F			Ala	13
	Elizabeth	2 F			Ga	
	Narcissa	1/12 F			Ga	

POST OFFICE -- SOLOLA, TENNESSEE

188	Baily, William	34	M	Farmer	/150	Tn	13
	Mary	30	F			Tn	13
	Thomas	11	M			Ga	12
	Nancy	9	F			Ga	12
	Jane	6	F			Ga	
	James	4	M			Ga	
	Cynthia C.	2	F			Ga	
189	Prince, Green	47	M	Farmer	/175	SC	13
	Susan	44	F			Tn	13
	Samuel	15	M			Tn	
	Augustus	12	M			Ga	
	James	6	M			Ala	
	Josina	3	F			Ala	
190	Prince, Sanford	45	M	Farm Laborer	/100	SC	13
	Jamsa	39	F			Tn	13
	Lucinda	14	F			Tn	
	Louisa	17	F			Tn	12
	Martha	15	F			Tn	12
	Mary	13	F			Tn	12
	Julia	10	F			Tn	12
	George	9	M			Tn	12
	Elizabeth	7	F			Tn	
	Sanford	4	M			Tn	
	John	10/12	M			Ga	
191	Hughes, William	56	M	Farmer	3,000/400	Va	13
	Elizabeth	45	F			Tn	13
	Nancy	26	F			Tn	
	Joel	23	M	Farm Laborer		Ga	13
	George	20	M	Farm Laborer		Ga	12
	Sarah	21	F			Ga	
	Elizabeth	16	F			Ga	12
	Rebecca	14	F			Ga	
	Amanda	9	F			Ga	12
	Emeline	1	F			Ga	12
192	Hughs, John	61	M	Farmer	230/300	Tn	13
	Susanna	55	F			Tn	13
	Nancy	27	F			Tn	13
	Emeline	19	F			Ga	12
	John	13	M			Ga	12
193	Hale, Shadrac C.	44	M	Farmer	1,200/700	Tn	
	Francis	45	F			Tn	
	Nancy	21	F			Tn	
	John	17	M			Ga	12
	Julia B.	12	F			Ga	12
	Ann	9	F			Ga	12
	Franklin	6	M			Ga	12

POST OFFICE -- SOLOLA, TENNESSEE

194	Street, Lydia	40	F		2,500/1,700	Tn	
	Green B.	19	M	Farmer		Tn	12
	William B.	14	M			Ga	12
	John T.	11	M			Ga	12
	Francis M.	8	M			Ga	12
	Mary C.	6	F			Ga	
	George W.	3	M			Ga	
	Lydia D.	1	F			Ga	
195	Stral, William	49	M	Farmer	2,500/1,400	SC	13
	Arminta	39	F			Ga	13
	Elsaba	22	F			Tn	13
	Columbus	13	M			Ga	12
	Thompson M.	9	M			Ga	12
	Monroe	7	M			Ga	12
	Lephrona	3	F			Ga	
196	Prince, John	70	M	Farm Laborer	/25	SC	Blind
	Eleander	65	F			SC	13
	Nancy	38	F			SC	13
	Melinda	31	F			SC	13
	William	10	M			Ga	12
197	Gross, John	47	M	Farmer	2,500/500	NC	
	Lucinda	46	F			SC	13
	Green B.	21	M			Tn	
	Martha A.	18	F			Tn	12
	Sarah	16	F			Tn	12
	Samuel H.	14	M			Ga	12
	John F.	12	M			Ga	12
	Wesley	10	M			Ga	12
198	Cole, William I.	51	M	Farmer	7,000/9,000	Tn	
	Nine	48	F			Tn	13
	Thomas H. B.	17	M			Ga	12
	James K. P.	1t	M			Ga	12
	Nathan W.	5	M			Ga	12
199	Bennet, Henry K.	49	M	Farmer	5,000/1,000	Tn	
	Mary A.	35	F			Tn	
	Joseph	17	M			Tn	12
	Shannon	14	M			Tn	12
	Elizabeth	12	F			Tn	12
	George W.	9	M			Tn	12
	James L.	7	M			Tn	12
	Mary L.	2	F			Ga	
	James	19	M	Farm Laborer		Tn	12
	Hughes, Henry	22	M	Farm Laborer		Ala	12

POST OFFICE -- SOLOLA, TENNESSEE

200	Odum, John	50	M	Farm Laborer		SC	
	Polly	46	F			Tn	13
	Noah	21	M	Farm Laborer		Tn	12
	Melinda	19	F			Tn	12
	Mary	17	F			Tn	12
	Celia	15	F			Tn	12
	William	12	M			Tn	12
	Nancy	12	F			Tn	12
	John	9	M			Tn	12
	Amelia J.	6	F			Tn	
	George	4	M			Tn	
201	Whitehead, Thomas	42	M	Farmer	/5,000	Ga	
	Dorcas	35	F			Tn	13
	Martha	16	F			Ga	
	Nancy	13	F			Ga	12
	Elizabeth	12	F			Ga	12
	John	7	M			Ga	12
	Perry Lee	4	F			Ga	
	Thomas	1	M			Ga	
202	Richmon, Robert W.	37	M	Farm Laborer	/200	Tn	
	(Illegible) E.	22	F			SC	
	Jones, David	85	M	Farmer	200/500	NC	
	Amie	77	F			NC	
	Nancy	54	F			Ga	
203	Russell, Henry A.	28	M	Gentleman	/8,850	Ga	
	Mary E.	24	F			Ga	
	James G.	1	M			Ga	

POST OFFICE -- SHELL MOUND, TENNESSEE

204	Richmond, James	79	M	Farmer	300/200	NC	
	Elizabeth	66	F			Tn	13
	Baphman, Martin	37	M	Farm Laborer		Tn	
	Julia	36	F			Tn	13
	Nancy E.	11	F			Ga	
	James M.	8	M			Ga	
	Robert F.	5	M			Ga	
	Melville A.	6/12	M			Ga	
205	Bostain, John T.	47	M	Farmer	1,000/600	NC	
	Martha A.	20	F			Ga	
	Isabel	18	F			Ga	
	Rebecca E.	15	F			Ga	12
	James M.	13	M			Ga	
	William J.	11	M			Ga	
	Missouri A. F.	9	M			Ga	
	Elizabeth	7	F			Ga	
	Nancy	5	F			Ga	
206	Aloss, (Lemuel?)	33	M	Miner	/100	Eng.	13
	Jessie	26	F			Eng.	
	Exton, Joseph	50	M	Miner		Eng.	13
	Dufty, Edward	22	M	Miner		Eng.	13
207	Murphy, George	64	M	Farmer	800/150	Va	
	Hanna	55	F			Va	
	Parks, Franklin	5	M			Tn	
208	Murphy, Chandler	38	M	Farmer		Ga	
	Elizabeth	25	F			Ga	
	Martha	2	F			Ga	
209	Williams, Berry	36	M	Wagoner	/150	Tn	
	John P.	11	M			Tn	
	George W.	9	M			Tn	12
	James C.	6	M			Tn	
210	Poole, John	27	M	Miner	/50	Ga	
	Nancy	27	F			Ga	
	William P.	6	M			Ga	
	John E.	4	M			Ga	
	James S.	2	M			Tn	
211	Eustus, George	25	M	Miner	/225	Tn	
	Elizabeth	22	F			Ga	13
	Caroline	1	F			Tn	13
212	Cox, Jane	45	F			Tn	
	Tennessee	20	F		100/50	Tn	13
	George H.	8	M			Ga	

POST OFFICE -- SHELL MOUND, TENNESSEE

213	Presley, John	39 M	Farmer	/250	SC	
	Nancy	30 F			Tn	
	Mary E.	8 F			Tn	
	Sarah J.	5 F			Ga	
	Jeanetta	2 F			Ga	
	Laura P.	1/12 F			Ga	
214	Smedley, John	31 M	Miner	/100	Tn	
	Francis E.	12 F			Ga	
	William T.	10 M			Miss	
	Nancy A.	7 F			Miss	
	George W.	5 M			Ga	
	Minerva J.	4 F			Ga	
	Christopher C.	1 M			Ga	
	Carr, Elijah A.	17 M	Carpenter	/200	Ga	
215	Kirsey, Stephen	34 M	Carpenter	/200	Ala	
	Polly A.	25 F			Tn	13
	Louisa J.	4 F			Tn	
	William J.	5 M			Tn	
	Emeline	2 F			Tn	
	Sarah M.	5/12 F			Ga	
	Emanuel M.	5/12 M			Ga	
	Parker, Angeline	12 F			Tn	
	Nancy C.	15 F			Tn	Idiot
216	Kirsey, William	28 M	Farmer	/250	Ill	
	Elizabeth	21 F			Tn	13
	William J.	1 M			Tn	
	Caroline	27 F			Tn	13
	Slatten, Hiram	24 M	Rail Roader		Tn	
217	Williams, Zane H.	57 M	Bar Keeper	500/600	NC	
	Clonida	45 F			NC	13
	Amanda	18 F			Tn	
	Thomas	16 M			Tn	
	Clorinde	14 F			Tn	
	James	11 M			Tn	
	Johnson, William	20 M	Fisherman		Ga	
	Williams, Robert T.	21 M	Fisherman		Tn	
218	Porter, Green B.	27 M	Rail Roader	400/200	Ala	11
	Mary	35 F			Ga	11
	McLester, Elizabeth	26 F			SC	
	Williams, Emma C.	15 F			Ga	

POST OFFICE -- RUNNING WATER, TENNESSEE

219	Browning, Selina	30 F			Ga	
	Emma C.	7 F			Ga	
	Joseph A.	4 M			Ga	
	Sarah A.	2 F			Ga	
220	Smedley, William F.	53 M	Farmer	1,000/500	SC	
	Elizabeth	55 F			Va	13
	Elizabeth	22 F			Tn	
	Mary C.	19 F			Tn	
	William H. M.	16 M	Miner		Tn	
	Patience	13 F			Tn	
	Alexander, Thomas	4 M			Tn	
	Galoway, James	20 M	Miner		Tn	13
	McGuiness, James	28 M	Miner		Ireland	
221	Saunders, John	28 M	Miner	/50	SC	
	Caroline	26 F			SC	13
	Susan M.	6 F			Ala	
	Lewis P.	83 M			Ga	
222	Ogle, Jane	50 F			Tn	13
	James	26 M	Miner	/50	Tn	13
	General W.	18 M	Miner		Tn	
	William L.	16 M	Miner		Tn	
223	Mu____, Matthew	34 M	Miner	/30	England	13
	Delilah	31 F			SC	13
	Marks, George P.	14 M			SC	12
	Martha	9 F			Ga	12
	James	7 M			Ga	
	Horase	4 M			Ga	
	Bemisol	24 M	Miner		England	13
	Booker, Ervin	26 M	Miner		England	13
224	Frieland, John	55 M	Wagoner	/25	Ga	
	Joanna	46 F			Ga	
	Sinal	17 M			Ga	
	Amanda	23 F			Ga	13
	Joseph	16 M	Wagoner		Ga	
	Susan	8 F			Ga	
	Eleanor	6 F			Ga	
	Franklin	4 M			Ga	
225	Kilyon, Rolin	26 M	Miner	/25	Tn	13
	Lorinda	30 F			Ala	13
	James W.	8 M			Ala	
	William J.	5 M			Ala	
	Benjamin F.	3 M			Tn	
	Johnson, Rebecca	64 F			SC	
	Massay, William	24 M	Miner	/25	Tn	

POST OFFICE -- RUNNING WATER, TENNESSEE

	#	Name	Age	Sex	Occupation	Value	Birthplace	
	226	Rogers, John	25	M	Miner	/25	Ky	
		Caroline	22	F			Tn	13
	227	Easture, Robert	30	M	Miner	/300	Ala	
		Keziah	25	F			Tn	
		George	6	M			Ga	
		Mary	5	F			Ga	
		Rachel	10/12	F			Ga	
(sic)	227	Gourd, Sarah	38	F		/25	Tn	13
		Mary	13	F			Tn	12
		Nancy	6	F			Tn	
	228	Murphy, William	33	M	Meth. Minister	800/425	Ga	
		Sarah A.	29	F			Tn	
		Julia	5	F			Ga	
		Joseph M. B.	2	M			Ga	
		Parker, George W.	7	M			Ga	
	229	Murphy, Joseph	69	M	Farmer	1,200/300	Va	
		Elizabeth	47	F			Tn	
		Joseph	23	M	Clerk		Ga	
		Martin W.	18	M	Farm Laborer		Ga	
		Thomas	16	M			Ga	
		Elijah C.	13	M			Ga	
		John P.	10	M			Ga	
		Clayton D.	9	M			Ga	
		Nancy A.	7	F			Ga	
		Rachel L.	5	F			Ga	
		Hoosen, Rebecca	22	F			Tn	
		Chairs, William	24	M	Farm Laborer		Tn	13
	230	Murphy, Jesse	31	M	Farmer	600/300	Ga	
		Eliza	22	F			Tn	
		Rachel E.	4	F			Ga	
		Harvey M.	2	M			Ga	
		Joseph L.	7/12	M			Ga	
	231	Killian, Lotts	32	M	Farmer	800/350	Tn	
		Mary	30	F			Ga	
		William J.	3	M			Ga	
		George W.	1/12	M			Ga	
	232	Whitehead, Nancy	57	F		3,000/700	Ga	13
		John	22	M	Farmer		Ga	
		Jane	19	F			Ga	
	233	Hughes, Martin	49	M	Farm Laborer	/150	Tn	13
		Silas	17	M	Farm Laborer		Ga	12
		David	14	M			Ga	12
		Sally	11	F			Ga	12
		Mary	10	F			Ga	12
		Thomas	8	M			Ark	12
		Gilbreath, Betsy	60	F			Tn	13

POST OFFICE -- RUNNING WATER, TENNESSEE

234	Hale, John	77 M	Farm Laborer	/100	Va	
	Jane	63 F			Va	13
	Killian, Samuel D.	14 M			Ga	
235	Simpson, Geneshal A.	26 M	Farmer	1,000/250	Tn	
	Martha	19 F			Ga	
	Sarah	68 F			SC	
	Partain, Jane	78 F			SC	
	Henry	14 M			Tn	
	Israel	7 M			Ga	
	Offelt, Edward	26 M	Farm Laborer		Ga	
	Wood, Lucy A.	16 F			Ga	
236	Simpson, William R.	26 M	Farmer	1,000/100	Tn	
	Caroline	24 F			Ga	
	Nancy	6 F			Ga	
	Sarah	5 F			Ga	
	Martha	10/12 F			Ga	
237	Mansfield, John	65 M	Farm Laborer		Tn	
	Jane	64 F			Tn	
	Jasper	21 M			Tn	
238	Renneais, Martin	29 M	Farm Laborer	/100	Tn	
	Jane	23 F			SC	13
	Laura M.	6 F			Ga	
	Sarah	4 F			Ga	
	George A.	3 M			Ga	
	Andrew J.	6/12 M			Ga	
	Yarin, Andrew J.	24 M	Farm Laborer		Ala	13
	Elizabeth	3 F			Ala	

POST OFFICE -- SALOLA, TENNESSEE

239	Hughs, Jesse	42	M	Farmer	1,530/6,000	Tn	
	Phebe	35	F			Tn	
	Aaron	17	M			Ga	12
	Jane	15	F			Ga	12
	Nancy	11	F			Ga	12
	John	8	M			Ga	12
240	Spires, William	34	M	Farm Laborer	/100	Tn	
	Elizabeth	30	F			Ala	
	Martha M.	12	F			Ga	
	_____	8	M			Ga	
	James	6	M			Ga	
	John	5	M			Ga	
	William	2	M			Ga	
	Narcissa	9/12	F			Ga	
241	Morrison, S. H.	48	M	Farmer	3,200/2,000	Tn	
	Sarah	33	F			Tn	
	William	12	M			Ga	
	Minerva	10	F			Ga	12
	John	8	M			Ga	12
	Julia D.	3	F			Ga	12
	Weddle, Benny	30	M	Farm Laborer		Tn	13
242	Meadow, Perce S.	40	M	Farmer	2,000/200	Tn	
	Amanda	24	F			Tn	
	Market	4	M			Ga	
	Martha T.	1	F			Ga	
	Hershel V.	1/12	M			Ga	
	Lee, John	12	M	(Mulatto)		Ala	
243	Rains, Ann	40	F			Tn	
	James	23	M	Rail Roader		Tn	13
	George	21	M	Rail Roader		Ga	13
	Thomas	10	M			Ga	13
	John	6	M			Ga	

POST OFFICE -- LOOKOUT STATION

244,	Cross, Joel	34	M	Farmer	4,000/4,000	Tn	
	Melinda	34	F			Va	13
	John	9	M			Tn	12
	William	7	M			Tn	12
	Perry Lee	5	F			Ga	
	George W.	4	M			Ga	
	Harriet J.	2	F			Ga	
	Zacheriah	5/12	M			Ga	
	Besiden, John	24	M	Farm Laborer		Fla	
	Cobb, Robert	18	M	Farm Laborer		Tn	13
245	Morgan, Paul	34	M	Farmer	3,125/1,000	Ga	
	Laura A.	29	F			Tn	
	Aminta	10	F			Ga	12
	Mary A.	9	F			Ga	12
	William	6	M			Ga	12
	Sarah	4	F			Ga	
	Harriet	3	F			Ga	
	Maria	1	F			Ga	
	Anderson, Marion	25	M	Farm Laborer		Ga	
	Mason, Alejah	19	M	Farm Laborer		Tn	
	Morgan, William	17	M	Farm Laborer		Tn	
246	Sammonds, William T.	31	M	Rail Roader	140/500	Tn	
	Nancy A.	25	F			Tn	13
	Ephraim	7	M			Ga	12
	James	6	M			Ga	12
	John	5	M			Ga	
	Franklin	1	M			Ga	
	Rains, Mersilla	16	F	Domestic		Ga	
247	Rogers, William	58	M	Farmer	1,200/600	Tn	13
	Ruth	59	F			Tn	13
	William	21	M	Farm Laborer		Tn	
	Elizabeth	23	F			Tn	13
	Berryman	18	M	Farm Laborer		Tn	
248	Fryer, John H.	22	M	Farm Laborer	/50	Tn	
	Rebecca	21	F			Ga	
	James	2	M			Ga	
	Charity	1	F			Ga	
249	Hawkins, James	48	M	Merchant	8,000/28,600	NC	
	Delila J.	36	F			Tn	
	J. P.	12	M			Ga	
	Mary D.	11	F			Ga	12
	E. M.	9	F			Ga	12
	Irena	7	F			Ga	
	Florina R.	5	F			Ga	
	Robert S.	1	M			Ga	
	Robert L.	40	M	Merchant		Tn	

250 This household omitted by census taker

POST OFFICE -- LOOKOUT STATION

251	Sherb, John W.	30 M	Stone Cutter	/75	Tn	
	Sarah	28 F			Va	13
	Dorcas J.	2 F			Ala	
252	Holmes, Leroy C.	44 M	Farmer	/3,400	Ala	
	Francis	31 F			Ala	
	Isaac	13 M			Ala	
	James A.	11 M			Miss	
	Mary	9 F			Ala	12
	Sarah	6 F			Ala	12
	John	11/12 M			Ala	
253	Sammonds, Lewis	27 M	Bar Keeper	150/220	Tn	
	Rachel M.	23 F			Ga	
	Bittie J.	6 F			Ga	
	William M.	5 M			Ga	
	Mary A.	4 F			Ga	
	James M.	3 M			Ga	
	Sarah M.	4/12 F			Ga	
	Alferd, Posey	19 M	Farm Laborer		Unknown	
254	Davis, David	26 M	Farm Laborer	/210	Tn	
	Mary A.	24 F			Tn	
	John G. B.	5 M			Ala	
	William A.	2 M			Ala	
255	Moore, Josiah	51 M	Stone Cutter	/100	NC	
	Irena	41 F			Tn	
	Merquis D. S.	18 M	Stone Cutter		Ga	13
	Amelia	17 F			Ga	13
	Missouri E.	15 F			Ga	13
	William B.	12 M			Ga	
	(young girl)	4 F			Ga	
256	Davis, K. H.	31 M	Physician	3,700/3,000	Ga	
	Sarah E.	22 F			Ga	
	Kansas D.	3 M			Ga	
	Martha	1 F			Ga	
	McCall, Daniel	40 M	Miller		Tn	
	Alan, Anthony	60 M	Farm Laborer		SC	13
257	Eller, William	46 M	Farmer	1,000/2,000	NC	
	Susan	36 F			NC	
	Catharine J.	16 F			NC	12
	Sarah A.	12 F			NC	12
	Sharp, William	32 M	Teacher Common School		NC	
258	Jumy (?), Fleming	55 M	Farmer	800/200	Va	
	Rachel	55 F			Va	13
	Parry Lee	19 F			Tn	
	William	18 M	Farm Laborer			

POST OFFICE -- LOOKOUT STATION

259	Hale, John H.	45 M	Farmer	2,500/800	Tn	
	Elizabeth	44 F			Tn	
	Amos (?)	20 M	Farm Laborer		Tn	
	Shadrac M.	18 M			Ga	12
	Elijah D.	16 M			Ga	12
	Price, Elizabeth	23 F	Domestic		Tn	
260	Paris, George W.	24 M	Farmer	1,000/3,150	Tn	
	Mary S.	19 F			Ga	
	Harriet E.	2 F			Ga	
261	Tittle, David	43 M	Farmer	7,000/1,000	Tn	
	Margaret	38 F			Tn	13
	Washington	14 M			Ga	12
	Jane	11 F			Ga	12
	Marietta	8 F			Ga	12
	Jefferson	5 M			Ga	
	Franklin	2 M			Ga	
262	Pennington, James	40 M	Farmer	/400	SC	
	Mary A.	25 F			Tn	13
	Jasper N.	12 M			Tn	12
	William N.	6 M			Ga	12
	Julia E.	2 F			Ga	
	Susanna	10/12 F			Ga	
263	Neighbors, Benjamin	68 M	Farmer	1,000/300	SC	
	Mary	62 F			SC	13
	Bertha	30 F			Ala	
	Benjamin	32 M	Farmer		Ala	
264	Hibbs, Dempsey (?)	40 M	Farm Laborer	/200	Tn	13
	Susan	36 F			Tn	13
	Joseph	20 M	Farm Laborer		Tn	13
	Adaline	18 F			Tn	12
	Martha A.	16 F			Tn	12
	George	14 M			Tn	
	Jesse	10 M			Ga	
	Sarah	8 F			Ga	
265	Hickson, Nelly	45 F		/50	Tn	13
	Matthew	20 M	Farm Laborer	/50	Tn	
	Jane	18 F			Tn	
	George	15 M	Farm Laborer		Tn	
	Nancy	13 F			Tn	
266	Tittle, John	40 M	Farmer	3,000/500	Tn	
	Mary	32 F			Tn	13
	Cynthia E.	14 F			Ga	12
	William	13 M			Ga	12
	Tanemer	11 M			Ga	12
	Washington	9 M			Ga	12
	Thomas	7 M			Ga	
	Richard	6 M			Ga	
	James	3 M			Ga	
	Sarah E.	1 F			Ga	

POST OFFICE -- LOOKOUT STATION

267	Davis, John C.	32 M	Farm Laborer	/200	Va	
	Mary A.	31 F			Tn	
	William C.	8 M			Tn	
	Sarah J.	6 F			Ga	
	John H.	4 M			Ga	
	Adelaide	3 F			Ga	
	James T.	1 M			Ga	
	Nancy C.	3/12 F			Ga	
268	Paris, Robert M.	48 M	Farmer	15,000/13,000	Tn	
	Elizabeth	48 F			Tn	
	Harriet C.	17 F			Tn	12
	Sarah C. T.	12 F			Ga	12
	Deakins, S. R.	25 M	Physician		Tn	
	Mary P.	19 F			Tn	
269	Lynch, James	40 M	Blacksmith		Ireland	
	Elizabeth	40 F			Ireland	13
	Rose	10 F			Ireland	
	Luke	2 M			NJ	
	Thomas	1 M			SC	
270	Rooney, Thomas D.	35 M	Landlord	/200	SC	
	Margaret	27 F			Tn	
	Alvira	2 F			Ga	
	Trade, Elerina	27 F			Unknown	13
271	Wyatt, James M.	35 M	Rail Roader		Maine	
	Robinson, Franklin	40 M	Rail Roader		Mass	
	Garfield, E.	36 M	Rail Roader		New Hampshire	
272	Price, Sith S.	39 M	Farm Laborer	/100	NC	
	Nancy M.	39 F			Tn	13
	Sarah	19 F			Ga	12
	William C.	17 M	Farm Laborer		Ga	
	Melinda C.	15 F			Ga	12
	Elizabeth M.	13 F			Ga	
	James R.	11 M			Ga	12
	Nancy A.	10 F			Ga	12
	Asberry G. M.	6 M			Ga	12
	Harriet R.	5 F			Ga	
	E. Rak	1 F			Ga	
273	Wilson, Hiram G.	40 M	Bar Keeper	100/500	NC	
	William S.	14 M			NC	12
274	Toole, John	40 M	Rail Roader	/50	Ireland	13
	Bridget	31 F			Ireland	13
	Ellen	11 F			Ireland	
	Cornelius	3 M			Ohio	
	Gorman, John	26 M	Rail Roader		Ireland	13
	Sifton, William	24 M	Rail Roader		England	

POST OFFICE -- LOOKOUT STATION

275	Tittle, Peter	45 M	Farmer	3,000/1,600	Tn	
	Sarah	40 F			Tn	
	Louisa	18 F			Ga	
	Mary A.	17 F			Ga	
	John	13 M			Ga	
	G. W. T.	16 M			Ga	
	W. T.	11 M			Ga	
	Nancy S.	9 F			Ga	
	Richard	7 M			Ga	
	Cynthia	1 F			Ga	
276	Sullivan, John	48 M	Rail Roader	/25	Ireland	13
	Mary	35 F			Ireland	13
	Johanna	5 F			Ill	
	John	4 M			Mo	
	Mary	1 F			Tn	
277	Sullivan, Dennis	30 M	Rail Roader	/25	Ireland	13
	Katy	23 F			Nova Scotia	13
	Ellen	1 F			Nova Scotia	
	C____, John	23 M	Rail Roader	/25	Ireland	
	Mary	16 F			Ga	13
278	Corinton (?), Cornelius	32 M	Rail Roader	/25	Ireland	13
	Ellen	38 F			Ireland	13
	James	16 M	Rail Roader		Ireland	
	Johanna	13 F			Ireland	12
	Julia	6 F			Ky	
279	Sleuthman, James	20 M	Farm Laborer	/60	SC	11
	Rhoda E.	17 F			Ga	11
280	Ellis, James	36 M	Carpenter	/200	Ga	
	Nancy	20 F			Tn	
	Stephen B.	6/12 M			Ga	
	William	15 M	Farm Laborer		Ga	12
281	Carroll, Daniel	32 M	Farmer	1,600/400	Tn	
	Cassa	21 F			Ga	
	Gustavus	1 M			Ga	
	Stovall, Augustus	20 M	Farm Laborer		Ga	13
	Martha	10 F			Tn	
282	Fowler, Alfred M.	35 M	Farmer	5,000/10,000	SC	
	N. E.	22 F			Tn	
	John P.	6 M			Ga	
	Sarah E.	5 F			Ga	
	Mary P.	3 F			Ga	
	Robert H.	1 M			Ga	
283	Ellers, Hamilton	27 M	Farmer	/200	NC	13
	Lucinda	30 F			Tn	
	Sarah J.	4 F			Ga	

POST OFFICE -- LOOKOUT STATION

284	Cross, M. B.	23 M	Farmer	/300	Ala	13
	Mary J.	19 F			Tn	
	George W.	1 M			Ga	
	Riley, William	13 M			Tn	
285	Martin, William	26 M	Farm Laborer	/50	Tn	13
	Alabamma	21 F			Tn	
	Laura A. F.	1 F			Ga	
286	Holton, William	48 M	Farmer		Tn	13
	Elizabeth M.	50 F			Tn	13
287	Sullivan, John	63 M	Farmer	/120	NC	
	Hester	65 F			Md	1
	Elizabeth	46 F			NC	1
	Ann	25 F			SC	1
	James C.	14 M			Tn	
	E. J.	13 F			Tn	
288	Shamblin, Archibald	53 M	Farmer	3,200/2,800	Va	
	Martha A. E.	45 F			Ga	
	Andrew J.	19 M			Ga	12
	David H.	17 M			Ga	12
	Mary E.	14 F			Ga	12
	Rush W.	9 M			Ga	12
	Meadow, E. B.	16 M			Ga	12
	Siletta M.	14 F			Ga	12
	Anna	11 F			Ga	12
	John W.	8 M			Ga	12
289	Gardner, Oliver P.	41 M	Carpenter	2,000/1,125	Ga	
	Maranda B.	34 F			Ga	
	Charles M.	10 M			Ga	12
	Adam M.	9 M			Ga	12
	Mary E.	7 F			Ga	12
	Franklin	4 M			Ga	
	William	1 M			Ga	
	Sarah M.	2/12 F			Ga	
	Maranda E.	2/12 F			Ga	
290	Walton, William	47 M	Stone Maker	/100	Va	
	Nica	37 F			Tn	13
	John	14 M			Tn	
	George W.	12 M			Tn	
	Jackson S.	11 M			Tn	
	Francis	15 M			Tn	
291	Turner, Sarah	54 F		1,000/350	Tn	
	Jane	28 F			Tn	13
	Margaret	19 F			Tn	12
	Simon	18 M	Farmer		Ga	
	Martha	14 F			Ga	

POST OFFICE -- HOBBIE

292	Mason, Lewis	48	M	Farmer	2,000/400	Tn	
	Sarah	47	F			Tn	
	James	21	M			Tn	
	John	16	M			Ga	12
	Martha	12	M			Ga	12
293	Cobb, George	51	M	Farm Laborer	/100	Tn	
	Jane	45	F			Tn	13
	Lafayette	20	M			Ga	
	Marion	18	M			Ga	
	Sarah	16	F			Ga	
	Margaret	11	F			Ga	
294	Tankesky, Zorohabel	55	M	Farm Laborer	/300	Tn	13
	Jane	49	F			Tn	13
	Mary	28	F			Tn	
	Jane	26	F			Tn	
	Lucy	23	F			Tn	
	Susan	21	F			Ga	12
	Francis	20	M			Ga	12
	Barker, Jane	53	F			Ga	13
295	Holmes, Milton	23	M	Farmer	1,500/500	Tn	
	Berilla	20	F			Tn	
	Mollie	18	F			Tn	
	Bettie	14	F			Ala	12
296	Smith, Andrew J.	41	M	Farm Laborer	/300	Tn	
	Vina	35	F			Tn	
	Aaron	15	M			Ga	
	Nana	13	F			Ga	
	Polly A	9	F			Ga	
	Caroline	7	F			Ga	
	Judea L.	5	F			Ga	
	Melinda	1	F			Ga	
297	Smith, Bagwell	71	M	Farmer	2,000/400	NC	
	Caroline	41	F			SC	
	Lowe, Caroline	8	F			Ga	
	Mary E.	6	F			Tn	
	William D.	4	M			Tn	
298	Smith, Starling	28	M	Engineer	/500	Tn	
	Martha E.	20	F			SC	
	Sarah J.	19	F			Tn	
	Richard L.	16	M			Tn	
	Robert L.	10	M			Tn	

POST OFFICE -- HOBBIE

299	Tittle, George	54	M	Farmer	10,000/2,000	Va	
	Sarah	40	F			Tn	
	Polly	23	F			Tn	
	Elizabeth	18	F			Ga	
	Charles	19	M	Farmer		Ga	
	Martha	15	F			Ga	
	Sally	14	F			Ga	
	Anna	12	F			Ga	
	David	10	M			Ga	
	Fanny	8	F			Ga	
	Susanna	7	F			Ga	
	Nancy	2	F			Ga	
300	Prater, Charles	33	M	Farm Laborer	/100	Ga	
	Nancy	32	F			Ga	
	Elijah	14	M			Ga	
	Lucinda M. A.	11	F			Ga	
	John J.	9	M			Ga	
	Jane	7	F			Ga	
	James W. C.	4	M			Ga	
	Thomas	1	M			Ga	
301	Baker, J. R.	34	M	Farm Laborer	500/400	Tn	
	Nancy	31	F			Tn	
	Jane	12	F			Tn	
	Julia	10	F			Ga	
	John W.	5	M			Ga	
	Henry	6	M			Ga	
	Ann	2	F			Ga	
302	Earp, Wesley	25	M	Farm Laborer	/100	Tn	
	Margaret	16	F			Tn	
	Frizzelle, Josie	48	F			Tn	13
303	Lea, John	33	M	Farmer	1,000/425	Tn	
	Mary	28	F			Tn	
	Joseph	1	M			Ga	
304	Pursley, F. D.	30	M	Rail Roader	/100	SC	
	Martha A.	30	F			SC	
	Joseph	9	M			SC	
	Francisco	7	M			Ga	
	Berina V.	5	M			Ala	
	Francis	2	M			Ga	
	John B.	5/12				Ga	
305	Cross, Alfred	58	M	Farmer	2,500/900	Ky	
	Mary	54	F			Tn	
	James A.	20	M			Tn	
	Thomas H. B.	17	M			Tn	

POST OFFICE -- HOBBIE

306	Cross, Z. J.	25 M	Farmer	/200	Ala	
	Harriet	23 F			Tn	
	Winchester, Mary	12 F			Tn	
	Stovall, James	48 M	Farmer	3,000/500	Ga	
	Julia	40 F			Ga	
	Sarah	18 F			Ga	
	David	15 M			Ga	
307	Clark, Benjamin	36 M	Farmer	4,500/1,750	Tn	
	Mary	36 F			Tn	
	Thomas	16 M			Ga	12
	David	14 M			Ga	12
	James	13 M			Ga	12
	John	12 M			Ga	12
	Isham	10 M			Ga	12
	Nancy	7 F			Ga	12
	Nathan	5 M			Ga	
	Susan	4 F			Ga	
	Benjamin F.	2 M			Ga	
308	Philips, John	62 M	Farm Laborer		Tn	
	Margaret	46 F			Tn	
	Anna	26 F			Tn	
	Emeline	17 F			Tn	
	Stephen	18 M			Tn	
	Betty	12 F			Ala	
	Farmer, John	9 M			NC	
309	Bacon, Washington	70 M	Christian Miss.	1,000/500	Va	
	Elizabeth	12 F			Tn	
	Mary	20 F			Tn	
	Martha	20 F			Tn	
	Charles S.	17 M			Ala	
	John	15 M			Ala	
	William W.	13 M			Ala	
	Alex C.	11 M			Ala	
	Thomas D.	10 M			Ala	
	Massy, Mira	15 F			Missouri	
	Nicholas	1 M			Tn	
	Kelly, John	25 M	Teacher of Common School		Tn	
	Jane	33 F			Tn	
	Josephine	2 F			Ga	
310	Chastain, Alex	27 M	Farm Laborer	/50	Tn	
	Susan	50 F			Tn	
	Hannah	7 F			Ala	
	Lear	5 F			Ala	
	Weaver, Samuel M.	25 M	Farm Laborer	/50	Tn	
	Jane	5 F			Ala	
	George W.	1 M			Ga	

POST OFFICE -- HOBBIE

311	McCollum, David	28	M	Farm Laborer	/100	Ga	
	Jane	28	F			Tn	
	Louisa	4	F			Ga	
	Matilda	2	F			Ga	
	Charity	3/12	F			Ga	
	Susan E.	3/12	F			Ga	
312	McCollum, W. H.	25	M	Farm Laborer	/100	Ga	
	Sarah	26	F			Tn	
	Susan	2	F			Ga	
	Charity	6/12	F			Ga	
313	McCollum, Joab M.	52	M	Farmer	3,300/400	SC	
	Sarah	35	F			SC	
	Joab	18	M			Ga	12
	Ellender	14	F			Ga	12
	Elizabeth	12	F			Ga	12
	Marietta	9	F			Ga	12
	James W. B.	6	M			Ga	12
	Josephine	3	F			Ga	
	Nannie	2	F			Ga	
	Goodson	5/12	M			Ga	
314	Hale, Amos	75	M	Farmer	1,100/150	Tn	
	Polly A.	31	F			Tn	
	Custer (?)	29	M			Tn	
	Judith S.	28	F			Ga	
315	Bise, Elijah E.	31	M	Carpenter	100/75	Tn	
	Eliza M	24	F			Ga	
	Mary A.	9	F			Ga	12
	Sarah E.	6	F			Ga	12
	William L.	4	M			Ga	
	Virginia F. C.	2	F			Ga	

POST OFFICE -- SALOLA FARM

316	Killian, Joseph W.	40 M	Farmer	3,000/1,000	Tn	
	Nancy	27 F			Ga	
	Maria E.	9 F			Ga	
	Lilly	7 F			Ga	
	Martha A. E.	5 F			Ga	
	Reuben L.	1 M			Ga	
317	Young, Rufus A.	33 M	Farmer	/500	Tn	
	Mary A.	28 F			Tn	
	Dortha	4 F			Tn	
	James	1 M			Ga	
318	Nagler, A.	28 M	Farmer	3,000/400	Ga	
	Elizabeth	24 F			Tn	
319 (1)	Rogers, Avery	25 M	Farmer	/200	Tn	
	Polly A.	23 F			Ga	
	Joab M.	5 M			Ga	
	William T.	3 M			Ga	
	John B.	2 M			Ga	
319 (2)	McBryan, W. G.	79 M	Farm Laborer	/100	NC	
	Elizabeth	5 F			Ga	
	Joseph G.	8 M			Ga	
	Mary V.	5 F			Ga	
	Annie	4 F			Ga	
	Sarah	8/12 F			Ga	
320	Sells, Allan A.	33 M	Farmer	/2,000	Tn	
	Lucy	29 F			Tn	
	Margaret	5 F			Tn	
	William R.	3 M			Ga	
	Wilkinson, William F.	22 M			Tn	
	Middleton, Margaret	56 F		2,500/1,500	Ky	
321	Carny, A.	64 M	Farm Laborer	/50	SC	
	Sarah	66 F			SC	13
	Thomas	25 M	Farm Laborer		SC	
	Amanda	16 F			SC	12
322	Seay, Nancy	36 F			SC	13
	Jefferson	15 M	Farm Laborer		Ga	12
	Rhoda	12 F			Ga	12
	May	10 F			Ga	12
	Josephine	9 F			Ga	12
	John	7 M			Ga	
323	Fryer, James K.	57 M	Farmer	/400	Tn	
	Margaret	47 F			Tn	
	Allen	20 M	Farm Laborer		Ga	

POST OFFICE -- SALOLA FARM

324	McBrayer, William	55 M	Farm Laborer	/100	NC	
	Sarah	55 F			NC	13
	Green	25 M	Farm Laborer		NC	13
	Jefferson	19 M	Farm Laborer		SC	13
	Jane	17 F			SC	
	Isabel	15 F			SC	
	Lorenzo D.	12 M			Ga	
	Robert	9 M			Ga	
	Lucy	7 F			Ga	
	Josephine	6 F			Ga	
	Olly T.	4 F			Ga	
	Ibly P.	1 F			Ga	
325	Derryberry, John	45 M	Farm Laborer	/50	Tn	
	Lucinda	33 F			Tn	
	William	19 M	Farm Laborer		Tn	
	Anis	12 F			Ga	
	John H.	7 M			Ga	
	James M.	6 M			Ga	
	Filmore	3 M			Ga	
	Southerland, C. J.	25 M	Farm Laborer		Tn	
	Sarah	17 F			Tn	
	(infant boy)	3/12 M			Ga	
326	Malone, Levy	45 M	Carpenter	/200	Ga	
	Dorcas T.	42 F			Ga	13
	Augustus W. H.	15 M			Ala	12
	Sarah	13 F			Ala	
	Thomas	11 M			Ala	12
	Palestine	9 F			Ala	
	Blanche	4 F			Ga	
	Morgana	3 F			Ga	
	Malda Y.	1 F			Ga	
327	Taylor, Reuben L.	57 M	Farmer	8,000/3,000	Ky	
	Malda N. J.	42 F			Tn	
	Nannie M.	17 F			Ga	
	William S.	16 M			Ga	
	Herschel V. J.	4 M			Ga	
328	Fairbanks, Levi	27 M	Farm Laborer	/20	Tn	
	Elizabeth	12 F			Ga	12
	John	9 M			Tn	12
	David	6 M			Tn	
	Joseph	3 M			Tn	
	(infant daughter)	6/12 F			Tn	
329	Reives, Jesse	47 M	Farmer	400/200	Tn	
	Cynthia	37 F			Tn	13
	Jefferson	9 M			Miss	
	Abraham	7 M			Ala	
	George W.	5 M			Ala	
	Marietta	3 F			Ala	
	Elizabeth	1 F			Ala	

POST OFFICE -- SALOLA FARM

330	Porter, Sarah J.	33 F			Tn	13
	Araminda	14 F			Ala	
	Elijah B.	10 M			Ga	
	Louisianna D.	7 F			Ga	
331	Sutton, Leroy	47 M	Farmer	7,000/9,000	Tn	
	Aveline K.	37 F			NC	
	Joel	21 M			Tn	
	James	18 M			Ga	
	Eliza	16 F			Ga	
	Matilda H.	14 F			Ga	
	Margaret W.	12 F			Ga	12
	William	7 M			Ga	12
	Sarah E.	5 F			Ga	
	Cartwright, William	20 M			Ga	
332	Dougan, James	33 M	Farm Laborer	/200	Tn	
	Martha	25 F			Tn	
	William H.	3 M			Tn	
333	McAlister, A.	50 M	Blacksmith	/425	Tn	
	Elizabeth J.	21 F			Ala	13
	Alfred	17 M	Blacksmith		Ala	
	Nancy A.	14 F			Ga	
	Martha J.	12 F			Tn	
	Mary M.	8 F			Tn	
	Joseph J.	6 M			Tn	
	James A.	4 M			Ga	
	Isham H.	1 M			Ga	
334	Morgan, John	60 M	Farm Laborer	160/100	SC	
	Mary A.	64 F			Ga	
335	Moore, Josiah	51 M	Stone Cutter	/100	NC	
	Irena	41 F			Tn	
	Marquis D. K.	18 M	Stone Cutter		Ga	
	Amelia J.	17 F			Ga	
	Missouri E.	15 F			Ga	
	William B.	12 M			Ga	
	(daughter)	4 F			Ga	
336	Hughs, John, Jr.	32 M	Farmer	1,000/500	Tn	
	Louisa	34 F			Tn	
	Jane	12 F			Tn	
	Thomas	9 M			Tn	
	Nancy E.	7 F			Ga	
	Jessie	6 M			Ga	
	Harrison	1 M			Ga	
337	Morgan, Thomas J.	24 M	Teaching Common School	/200	Tn	
	Mary	17 F			Tn	
	John S.	1 M			Ga	
	Mason, R. P.	22 M			Tn	

POST OFFICE -- SALOLA FARM

338	Sortas, Peter	26	M	Rail Roader	/25	Ga	13
	Lucinda	22	F			Ga	
	Palestine	2/12	F			Ga	
339	Townsend, Margaret	18	F		1,000/500	Tn	
	Jefferson	24	M	Rail Roader		Tn	
	Leeann	21	F			Tn	12
	John M. L.	15	M			Tn	12
	Cox, James	24	M	Rail Roader		NC	13
	Keith, William	24	M	Rail Roader		Ireland	13
340	Bishop, John	80	M	Slag Maker	/30	NC	13
	Patsy	55	F			NC	13
	Hussy, Mary	29	F			Ga	13
	Martha	13	F			Ga	
	John	11	M			Ga	
	Andrew J.	5	M			Ga	
	Noah	1/12	M			Ga	
	Bishop, Harriet	12	F			Ga	
341	Worley, M. D.	22	M	Farm Laborer	/150	Tn	13
	Louisa	20	F			Tn	13
	Jane	30	F		100/150	Tn	13
	James	8	M			Ga	
342	Worley, Jane	50	F			Tn	13
	James	8	M			Ga	
343	Vicors, Johnallian	38	M	Farm Laborer	500/100	Tn	13
	Hulda	37	F			Tn	
	Martha V.	16	F			Tn	
	Sarah E.	15	F			Tn	
	Jane	13	F			Ga	12
	Hannah	11	F			Ga	12
	Mary	10	F			Ga	12
	Joseph G.	6	M			Ga	
	Julia	2	F			Ga	
	John	6/12	M			Ga	
344	Derryberry, Margaret	36	F		300/100	Tn	13
	John	14	M	Farmer		Tn	12
	William C.	11	M			Ga	12
	Minerva	1	F			Ga	
345	Woods, Mary	38	F			Tn	
	Thomas	6	M			Tn	
346	Wade, William	26	M	Farm Laborer	/300	Tn	
	Rebecca	36	F			SC	
	Hampton	2	M			Ga	

POST OFFICE -- SALOLA FARM

347	Rials, William	34 M	Farm Laborer	/200	Ga	
	Nancy	32 F			Tn	
	John	7 M			Ga	12
	William B.	6 M			Ga	
	B. F.	4 M			Ga	
	James	2 M			Ga	
	Mary	1/12 F			Ga	
348	Morgan, Neil S.	42 M	Farm Laborer	/50	SC	
	Francis	38 F			SC	
	Nancy	22 F			Tn	
	William	18 M			Tn	
	Jane	4 F			Tn	
349	Hemp, William	63 M	Farmer		SC	
	Elizabeth	62 F			Ga	
	William	18 M			Ga	
350	Lenns, William	35 M	Rail Roader		Tn	Idiot
	Teressa	25 F			Tn	
	James M.	10 M			Ga	
	Leroy M.	1 M			Ga	
351 (1)	Dennis, Tilman	43 M	Farm Laborer	/300	Tn	
	Julina	27 F			Ga	
	Susan	14 F			Ga	
	Allen M.	13 M			Ga	
	Robert	11 M			Ga	
	Reuben H.	10 M			Ga	
	Mary	8 F			Ga	
	Jesse	7 M			Ga	
	Vandever	5 M			Ga	
	Dorinda	4 F			Ga	
	David	2 M			Ga	
351 (2)	Canon, George	65 M	Farm Laborer	/50	Va	
	Cynthia	60 F			Va	
	William	21 M	Farm Laborer		Tn	
	David	18 M			Tn	
352	Cagle, Charles	42 M	Farmer	1,300/500	Ga	
	Melinda	38 F			Ala	
	Mary J.	17 F			Ala	
	Margaret E.	16 F			Ga	
	Nancy C.	15 F			Ala	
	Lucinda C.	13 F			Ala	
	Cansaida	12 F			Ala	
	William	7 M			Ala	
	George M.	5 M			Ala	
	Stephen A.	3 M			Ga	
	James B.	7/12 M			Ga	
	Martha P.	7/12 F			Ga	
	Opisken, William	64 M			Ga	

POST OFFICE -- SALOLA FARM

353	Bates, James A.	61 M	Farmer	4,500/1,000	Va	
	Martha	56 F			Ga	
	Elizabeth	26 F			Tn	
	Minerva	23 F			Tn	
	Eliza	17 F			Tn	
	William	15 M			Tn	12
	Ezekiel	11 M			Tn	12
354	Mason, James	23 M	Farm Laborer	/35	Tn	
	Sarah	19 F			Ala	
	Charles	1 M			Ga	
355	Case, William	23 M	Farm Laborer	/100	Tn	
	Nancy	23 F			Tn	
356	Morrison, Harriet	30 F		3,000/2,000	NC	
	William G.	7 M			Ga	
	Elizabeth	4 F			Ga	
	Pace, Nancy	44 F			NC	
357	Killian, Noah	31 M	Blacksmith	1,200/500	Tn	
	Anna	36 F			Ga	
	Nancy E.	5 F			Ga	
	Rebecca	2 F			Ga	
	William H.	7/12 M			Ga	
	Tatum, Nancy L.	20 F			Ga	
358	Daniel, William	27 M	Farm Laborer	/100	Ga	
	Elizabeth	24 F			Tn	13
	Leroy	1 M			Ga	
359	Smith, C.	26 M	Farm Laborer	/100	Tn	
	Mary A.	26 F			Ga	
	Lucinda	6 F			Ga	
	Martha J.	3 F			Ga	
	James M.	1 M			Ga	
360	Brown, Lewis	24 M	Farm Laborer	/50	Tn	13
	Mary	22 F			Tn	13
	(infant son)	1 M			Ga	
361	Wilson, William Y.	44 M	Farmer	/300	SC	
	Carolina	38 F			SC	
	Julia	18 F			SC	
	Emily	14 F			SC	
	Thomas H.	12 M			SC	
	William	10 M			SC	
	Cu____ L.	8 F			SC	
	Sarah	5 F			Ga	
	Lucy	60 F			SC	
362	Brown, James	45 M	Farmer	/200	Tn	
	Polly	43 F			Tn	
	William	20 M			Tn	

POST OFFICE -- TRENTON, GEORGIA

363	Brown, James	24 M	Farm Laborer	/30	Tn	
	Nancy	19 F			Ga	13
	Thomas	2 M			Ga	
	B___zy	7/12 M			Ga	
364	Moss, Benjamin	45 M	Farmer	160/200	Tn	
	Ruby	43 F			Tn	
	Sherwood	15 M			Ga	
	Betsy	11 F			Ga	
365	Bradford, Jackson	28 M	Farm Laborer	/50	Tn	
	Nancy	26 F			Tn	
	James	4 M			Ga	
366	Bradford, Martin	31 M	Farmer	100/150	Tn	
	Martha J.	29 F			Ga	
	Noah	6 M			Tn	
	Josephine	4 F			Tn	
	William H.	1 M			Ga	
367	Powell, Newton	28 M	Farmer	1,000/180	Tn	
	Lucinda	25 F			Ga	
	Caleb	11 M			Ga	
	Leander	6 M			Ga	
368	Forester, H. L.	22 M	Teacher Common School	/200	Tn	
	Francis	21 F			Ga	
	Mary J.	1 F			Ga	
369	Forester, Calendar	54 M	Farmer	800/425	NC	
	Catharine	52 F			Va	
	Mary	18 F			Tn	
	Tennessee	16 F			Tn	
	James	14 M			Ga	12
370	Warren, Lott	58 M	Farmer	200/175	Tn	
	Sarah	46 Fa			Tn	
	Jane	21 F			Tn	
	Joseph	18 M			Tn	
	Charles	14 F			Tn	
371	Gray, John	29 M	Farm Laborer	/100	Ga	
	Martha	18 F			Ga	
	William	1 M			Ga	
372	Moon, James	40 M	Farmer	400/225	Ga	
	Mary	36 F			Ga	
	Sarah	12 F			Ga	
	John	10 M			Ga	

POST OFFICE -- RUNNING WATER, TENNESSEE

373	Weems, C. C.	25 M	Miner	/50	Ga	
	Francis	20 F			Tn	
	Mary M.	3 F			Tn	
	Lorenzo D.	2 M			Tn	
374	Bass, William	50 M	Rail Roader	/300	Ga	
	Martha J.	28 F			Ga	
	Almedia	11 F			Ga	
	Noah M.	10 M			Ga	
	Elizabeth	6 F			Ga	
	Mary J.	5 F			Ga	
	Isabel	3 F			Ga	
	Peter	6/12 M			Ga	
375	Gouger, William	60 M	Farmer	1,000/500	NC	
	Betsy	60 F			Tn	
	Franklin	17 M	Rail Roader		Tn	
	Jerrerson	23 M			Tn	Blind
376	Rogers, Huy	28 M	Carpenter	/100	NC	
	Laura	21 F			Tn	
	Mabel	1 F			Tn	
	Gouger, William	26 M			Tn	
377	Cowen, W. D.	49 M	Farmer	/300	Tn	
	Louisa J.	49 F			NC	
	Elizabeth	20 F			Tn	
	Joseph	18 M			Tn	
	Thomas	16 M			Tn	
	John	14 M			Tn	
	M. J.	12 F			Tn	
	Martha	1 F			Tn	
	Sarah	2 F			Ga	
	Hussy, Ellen	1 F			Tn	
	Cowen, Anna	1/12 F			Ga	
378	Martin, W. C.	30 M	Farmer	1,800/100	Tn	
	Matilda	24 F			Tn	
	Cynthia	4/12 F			Ga	
379	Prince, John H.	27 M	Rail Roader	/50	Tn	
	Emily	22 F			Ala	
	Sarah T.M.E.	3 F			Ala	
	David	1 M			Ala	
380	Davis, Ephraim	21 M	Rail Roader	/50	Tn	
	Celia	19 F			Tn	
381	Davis, Absalom	62 M	Farmer	1,000/640	Tn	
	Sara	60 F			Tn	
	Ruby	33 F			Tn	
	Hale, Priscilla	36 F			Tn	
	Eliza C.	6 F			Tn	

POST OFFICE -- RUNNING WATER, TENNESSEE

382	Tatum, Howell	61 M	Farmer	3,000/5,400	Va	
	Jane	45 F			Tn	
	John	24 M	Clerk		Tn	
	David	21 M	Farmer		Tn	
	Jesse T.	18 M	Miner		Tn	
	Henry	16 M			Tn	
	Laura	14 F			Ala	
	Nancy	12 F			Ga	
	Robert	7 M			Ga	
383	Amos, John	82 M	Farmer		NC	
	Rogers, Hugh	37 M	Farm Laborer	/200	NC	
	Elizabeth	43 F			NC	
	John	13 M			Ga	
	Land, Sarah	38 F			Ga	
	Mary E.	6 F			NC	
384	Jones, John	47 M	Farm Laborer	/300	Ga	
	Tabitha	41 F			Ga	
	Lilla	20 F			Ga	
	Andrew J.	17 M			Ga	
	David	15 M			Ga	
	Cassandra	12 F			Ga	
	Adaline	10 F			Ga	
	John	7 M			Ga	
	Nancy	5 F			Ga	
	James B.	3 M			Ga	
	Tabitha	6/12 F			Ga	
385	Henry, Thomas	33 M	Farmer	200	Ga	
	Mary E.	27 F			Tn	
	Mary E.	7 F			Ga	
	Anne	4 F			Ga	
	Hugh L.	1 M			Ga	
386	Forsher, Alex	31 M	Farm Laborer	/150	Ga	
	Evelin	40 F			NC	
	Martha	16 F			Ga	
	James	14 M			Ala	
	Elijah	12 M			Ala	
	Perry Lee	9 F			Ala	
	Andrew	7 M			Ga	
	Frank	4 M			Ala	
	George	2 M			Ga	
387	Hilton, George	21 M	Farm Laborer	/50	Tn	11
	Catharin	15 F			Ga	11

POST OFFICE -- RUNNING WATER, TENNESSEE

388	Hilton, James	39 M	Farmer	400/200	Ga	
	Clementine	42 F			NC	
	John S.	17 M			Ga	
	David H.	15 M			Ga	
	Loramia	13 F			Ga	
	Ihly (?)	12 F			Ga	
	Clementine	10 F			Ga	
	Martha	7 F			Ga	
	James G.	6 M			Ga	
	William M.	2 M			Ga	
389	Kennedy, Hugh S.	60 M	Farmer	1,200/500	SC	
	Dica	60 F			Ga	
	Bryson L.	24 M	Farmer		Ga	
	Ellis	37 M	Farmer	/50	Ga	
	Margaret	21 F			Tn	
	Jane	2 F			Ga	
	Bryson	12 M			Ga	
390	McColla, John	27 M	Farmer	1,500/375	Tn	
	Mary P.	27 F			Ala	
	Sarah A.	4 F			Ga	
	Samuel H.	2 M			Ga	
391	Hilton, William	29 M	Farmer	/100	Ga	
	Jennie	32 F			Ill	
	Elizabeth C.	6 F			Tn	
	James W.	2 M			Ga	
	Alan, Lydia L.	15 F			Ga	
	Martha M.	13 F			Tn	
	Thomas D.	11 M			Tn	
392	Manny, A. S.	33 M	Rail Roader	250/200	Ga	
	Catharine	34 F			Ga	
	Peter T.	10 M			Ga	
	James L.	9 M			Ga	
	William	7 M			Ga	
	Leian, William J.	8 M			Ga	12
393	Sullivan, James	33 M	Farm Laborer	/175	SC	
	Sarah	24 F			Ga	
	Thomas L.	7 M			Ga	
	Matilda A.	5 F			Ga	
	William	3 M			Ga	
	John M.	7/12 M			Ga	
394	Wood, Benjamin M.	37 M	Carpenter	1,650/300	Ga	
	Lucinda	63 F			SC	
	General G.	14 M			Ala	
	Alda	11 F			Ga	
	Bertan ___, William	28 M	Stone Cutter		Ga	
	Angeline	22 F			Tn	
	Mary	2 F			Ala	

POST OFFICE -- RUNNING WATER, TENNESSEE

395	Lanres (?), Jefferson	42	M	Farmer	2,100/500	Tn	
	Louisa C.	40	F			Ala	
	James K.	16	M			Ga	12
	Martha	15	F			Ga	12
	George	10	M			Ga	12
	Minerval	12	F			Ga	
	Margaret	8	F			Ga	
	Dulcina	6	F			Ga	
	William	3	M			Ga	
396	Tatum, Marion	32	M	Farmer	900/340	Tn	
	Milly	32	F			Ala	
	Nancy L.	10	F			Ga	
	Peter H.	8	M			Ga	
	Elsy E. A.	6	F			Ga	
	Rebecca J.	4	F			Ga	
	Robert G.	2	M			Ga	
	James A.	6/12	M			Ga	
397	Cartwright, William	48	M	Farmer	300/1,500	Tn	
	Elizabeth	47	F			Tn	
	James	22	M			Tn	12
	Sarah	20	F			Tn	
	John	19	M			Tn	12
	William	18	M			Tn	12
	Susan	16	F			Tn	
	Mary	13	F			Ga	12
	Eliza	10	F			Ga	12
	Zachary	9	M			Ga	12
	Joseph	8	M			Ga	12

POST OFFICE -- TRENTON, GEORGIA

398	Layne, John	23	M	Farm Laborer	/200	Tn	
	Martha C.	23	F			Tn	
	George H.	1	M			Tn	
399	Craig, Isaac	28	M	Farmer	50/550	Tn	11
	Nancy	28	F			Tn	11
400	Stone, Henly	39	M		/400	Ky	
	Melissa	30	F			Ga	
	Isaac	11	M			Ga	12
	John	3	M			Ga	12
	Branllet, Oron	50	M			NC	Blind
401	Brown, Andrew	36	M	Farmer	2,500/900	Tn	
	Martha J.	31	F			Tn	
	Minerva	5	F			Ark	12
	Ketchiside, Polly	6	F			NC	
	Enoch B.	13	M			Ga	12
402	Withers, J. W.	35	M	Farm Laborer	/150	Tn	
	Elizabeth	36	F			Ga	
	Salena	17	F			Tn	
	John	11	M			Ga	12
	Sarah M.	9	F			Ga	12
	Minerva J.	8	F			Ga	12
	James A.	6	M			Ga	12
	Martha	1	F			Ga	
403	Lowe, Calvin	34	M	Farmer	1,000/675	Tn	
	Ritha J.	27	F			Tn	
	Mary L.	10	F			Ga	12
	Adaville	8	F			Ga	12
	Jane	4	F			Ga	
404	Snyder, Elias	32	M	Rail Roader	/100	Pa	
	Sarah A.	26	F			Tn	
	Mary J.	6	F			Ky	12
	Samuel	5	M			Ky	
	James F.	1	M			Ga	
	Mary	56	F			Pa	13
405	Dodson, Samuel	26	M	Farm Laborer	/50	Tn	13
	Martha	22	F			Tn	
	Joseph F.	2	M			Ga	
	Mary J.	4/12	F			Ga	
406	Cartwright, Jane	88	F		1,000/100	NC	
	Killion, Bethany	48	F			Tn	
407	Thompson, William	26	M	Rail Roader	/100	Ala	
	Sarah	22	F			Ala	
	Newton	2	M			Ala	
	John	1/12	M			Ga	

POST OFFICE -- TRENTON

408	Cagle, George	36	M	Farmer	500/250	Tn	11
	Julia	32	F			Gn	11
409	Payne, Larkin	45	M	Farmer	12,500/5,000	Tn	
	Jane	41	F			Tn	
	Sarah E.	22	F			Tn	
	Mary A.	18	F			Tn	
	Baily	17	M			Tn	
	George	15	M			Tn	
	Benjamin F.	13	M			Tn	
	Leroy H.	12	M			Tn	
	Matilda S.	8	F			Ga	
	John	6	M			Ga	
	Nancy J.	4	F			Ga	
	Martha E.	1	F			Ga	
	Lewis, Joseph	21	M	Farm Laborer		Tn	
	Falls, John	20	M	Farm Laborer		Tn	
	Forester, E. W.	26	M	Teacher of Common School		Tn	
410	Tatum, Robert H.	41	M	Atty. at Law	26,850/3,150	NC	
	Pauline A.	25	F			Ala	
	George H.	17	M	Farmer		Ga	
	Marion A.	15	M			Ga	12
	Bettie J.	13	F			Ga	12
	Sophia L.	11	F			Ga	12
	W.P.H.	9	M			Ga	12
	Gaines W.	7	M			Ga	12
	Nancy A.	5	F			Ga	
	Maryland A.	3	F			Ga	
411	Henderson, Marion	19	M	Rail Roader		Ala	
	Mahala	17	F			Ala	
	Matilda	6/12	F			Ga	
412	Henderson, Hiram	28	M	Rail Roader	/50	Tn	
	Rachel	26	F			Ala	
	Elijah	12	M			Ala	
	William	10	M			Ala	
	Sarah	8	F			Ala	
	James	7	M			Ala	
	Hannah	6	F			Ala	
	Elizabeth	1	F			Ga	
	Oneal, John	27	M	Rail Roader		Ireland	
413	Cureton, James W.	34	M	Farmer	5,000/3,400	Tn	
	Nancy	30	F			Tn	
	John	11	M			Tn	
	George	9	M			Ga	
	William	5	M			Ga	
	Mary	1	F			Ga	

POST OFFICE -- TRENTON

414	Branham, Martin	36	M	Miller	/100	Tn	
	Jane E.	37	F			NC	
	Mary C.	16	F			Tn	
	Margaret J.	14	F			Tn	
	Martha T.	11	F			Tn	
	Mary E. A.	10	F			Ga	
	Charity	6	F			Ga	
	Julia	4	F			Ga	
	John	9/12	M			Ga	
415	Tincher, Abraham	51	M	Farmer	2,500/1,200	Tn	
	Sarah	46	F			Ky	
	William	29	M			Tn	
	Smith	26	M			Tn	
	Elizabeth	22	F			Ala	
	Perizaida	20	F			Ala	
	Polly A.	18	F			Ala	
	Lucretia	16	F			Ala	
	Amanda	14	F			Ala	
	Catherine	11	F			Ga	
	Jacob	8	M			Ga	
	Parry Lee	4	F			Ga	
416	Burkhart, Isaac	56	M	Farm Laborer	/200	Tn	
	Emeline	50	F			Tn	
	Martha	16	F			Tn	
	Anderson	9	M			Tn	
	Florida	7	F			Ga	
	Amanda	5	F			Ga	
	William	2	M			Ga	
417	Burkhart, Frederick	27	M	Farm Laborer	/250	Tn	
	Sarah	22	F			Ga	
	Caroline	3	F			Ga	
	Betsy	2	F			Ga	
	Jefferson	1	M			Ga	
418	Castleberry, Uriah	38	M	Rail Roader	/150	Ga	13
	Susanna	28	F			Tn	13
	Mary A.	9	F			Ga	
	William M.	7	M			Ga	
	John R.	6	M			Ga	
	Mary M.	5	F			Ga	
	Mark O.	4	M			Ga	
	George M.	5/12	M			Ga	
	Hankins, Marion	22	M	Rail Roader		Tn	13
	Moses	17	M	Rail Roader		Tn	
	Bryant, Thomas	21	M	Rail Roader		Tn	
419	Castleberry, F. M.	50	M	Rail Roader	/120	Ga	11, 13
	Catharine	25	F			Ga	11, 13

POST OFFICE -- TRENTON

420	Wakefield, Silas	53 M	Farmer	1,200/3,650	Tn
	Sophy	44 F			Tn
	John	19 M			Ga
	George H.	18 M			Ga
	Martha A.	15 F			Ga
	Leroy T.	13 M			Ga
	Nancy H.	10 F			Ga
	Andy	7 M			Ga
	Newton W.	5 M			Ga
421	Mays, David	59 M	Farmer	/200	Tn
	Elmira	48 F			Tn
	Polly	19 F			Tn
	Rhoda	17 F			Tn
	Charles	11 M			Tn
	Margaret	9 F			Tn
422	Allison, John	37 M	Farmer	4,000/1,200	Tn
	Mary	27 F			Tn
	Sarah C.	6 F			Ga
	George W.	5 M			Ga

(The following is duplicate numbering, which will be designated by "D" after the family number.)

412D	Morrison, Lee	66 M	Farmer	4,000/1,000	Tn
	George D.	26 M		/1,290	Tn
	Judea	24 F			Tn
	Nancy J.	3 F			Ga
	William S.	23 M		/850	Tn
	Nancy C.	23 F			Tn
	Marietta	3 F			Ga
	Michael	1 M			Ga
413D	Jones, Henry	42 M	Farmer	2,500/1,700	Tn
	Susan	42 F			Ala
	Simeon	19 M			Ala
	Sarah	17 F			Ga
	John	12 M			Ga
414D	Wheeler, William	31 M	Farm Laborer	/300	Ala
	Julia	26 F			Tn
	Sarah	6 F			Ala
	Goodson	4 M			Mo
	Robert	3 M			Tn
	Josephine	1 M			Tn
415D	Wheeler, Simeon	56 M	Farmer	100/350	SC
	Mary	50 F			Tn
	Lowe, Martha	23 F			Ga

POST OFFICE -- TRENTON

416D	Blevins, Emberson	37 M	Farmer	/750	Ala	
	Matilda	37 F			Tn	
	Calvin	12 M			Ga	
	James	11 M			Ga	
	Asa S.	10 M			Ga	
	Gains	8 M			Ga	
	Louisa	5 F			Ga	
	Judea A.	2 F			Ga	
417D	Hicks, Isaac	31 M	Merchant	/50	Tn	11,13
	Clarissa	17 F			Ga	11
418D	Austin, Thomas	39 M	Farm Laborer		Tn	
	Bethena	39 F			Tn	
	James M.	17 M	Farm Laborer		Tn	
	Clarissa	15 F			Tn	
	Thomas A.	10 M			Tn	
	Francis	13 M			Tn	
	Johnathan	3 M			Ala	
	Mary E.	2 F			Ga	
	Sarah	1 F			Ala	
419D	Dennis, James	29 M	Blacksmith	/200	Tn	11
	Amy	29 F			Ga	11
420D	Ames, John F	56 M	Saddler	/1,000	Tn	
	Eliza	44 F			Tn	
	M. F.	26 M	Saddler		Tn	
	Eglantine	23 F			Tn	
	Amanda	19 F			Tn	
	Elbert D.	20 M	Saddler		Tn	
	Sarah E.	18 F			Tn	
	E. J.	16 F			Tn	
	Archibald	14 M			Ga	
	W. B.	12 M			Ala	
	Emily	9 F			Ala	
	Isabel	8 F			Ala	
	Isabel	8 F			Ala	
	Martha	4 F			Ala	
	Julia	1 F			Ala	
421D	Jenny, Patrick	37 M	Rail Roader	/25	Ireland	
	Mary	40 F			Ireland	
	Bridget	17 F			Ireland	
	Thomas	14 M			Ireland	
	John	3 M			Ga	
422D	Golehen, Patrick	28 M	Rail Roader		Ireland	
	Amanda	21 F			Tn	
	Amanda	1 F			Ga	
	Mulois, Patrick	40 M	Rail Roader		Ireland	
	Tims, Patrick	53 M	Rail Roader		Ireland	
	Weddel, John	19 M	Rail Roader		Tn	

POST OFFICE -- TRENTON

423	Kelly, Charles	24 M	Rail Roader		Ireland	
	Elizabeth	20 F			Tn	
	Frank	1 M			Ga	
424	Loring, Castleberry	28 M	Rail Roader	/100	Tn	
	Elvina	30 F			Tn	
	Mary M.	8 F			Ga	
	John	7 M			Ga	
	L. J.	3 F			Ga	
	Dick	1/12 M			Ga	
425	Perkins, John B.	33 M		2,500/3,000	Tn	
	Martha	25 F			Tn	
426	Wilkinson, John B.	53 M	Farmer	18,000/4,000	Ky	
	Betsy A.	43 F			Ky	
	Hattie	19 F			Tn	
	Lewis N.	22 M			Tn	
	Melinda	12 F			Tn	
427	Smith, A. H.	43 M	Carpenter	/300	Va	
	Mary	32 F			Tn	
	Andrew	18 M	Carpenter		Tn	
	James	16 M	Farmer		Tn	
	Robert	11 M			Tn	
	Alexander	6 M			Ga	
	Irena	4 F			Ga	
	Horace	1 M			Ga	
428	Perkins, A. H.	29 M	Farmer	2,500/1,700	Tn	
	Melinda	22 F			Tn	
429	Steel, Lewis	45 M	Farmer	/500	Ky	13
	Catherine	45 F			Ala	13
	Jane	22 F			Ala	13
	Francis	19 F			Missouri	
	Melinda	17 F			Ala	
	John	16 M			Ala	
	Malvina	13 F			Ala	
	Sarah	11 F			Ga	
	Nancy	9 F			Ga	
	Sarepia	7 F			Ga	
	Ellen	5 F			Ga	
	Dorcas	3 F			Ga	
430	Stevens, Meshac	50 M	Farmer	150/200	Tn	13
	Betsy	48 F			Tn	13
	Nancy	22 F			Ga	13
	Francis	21 M			Ga	
	Hanna	17 F			Ga	
	Mary	16 F			Ga	
	George	14 M			Ga	
	William	12 M			Ga	
	Robert	7 M			Ga	

POST OFFICE -- TRENTON

431	Long, Benjamin	60	M	Farmer	4,000/1,000	Tn	
	Sally	58	F			Tn	13
	John P.	20	M			Tn	
	James	16	F			Ga	
432	Craig, Eli	36	M	Farmer	200/100	Tn	
	Judea A.	36	F			Ga	
	Melissa	17	F			Ga	
	Sarah	15	F			Ga	
	William T.	13	M			Ga	
433	Craig, James	55	M	Farmer	300/250	Tn	
	Anna	50	F			Tn	
434	Brinnly, William	35	M	Farm Laborer	/150	Tn	
	Mary	33	F			Tn	
	John	8	M			Ga	
	Judea	6	F			Ga	
435	Wood, Agnes	63	F			Tn	
	William	26	M	Farm Laborer	/100	Tn	
	Nancy J.	21	F			Tn	
436	Long, John	38	M	Farmer	/200	Tn	
	Matilda	29	F			Tn	13
	Delia	10	F			Tn	
	Melissa	7	F			Ga	
	Perry Lee	3	F			Ga	
437	Harris, Samuel	31	M	Farmer	100/200	Tn	
	Mary C.	30	F			Tn	
	Ephraim	12	M			Tn	
	M. F.	10	F			Ga	
	Joseph E.	3	M			Ga	
438	Daniel, Francis	42	M	Farmer	500/800	Tn	
	Lydia	38	F			Ga	
	Sedron H.	18	M			Ga	
	Lucretia	16	F			Ga	
	John R.	15	M			Ga	
	Mary E.	11	F			Ga	
	Amy	10	F			Ga	
	William	6	M			Ga	
	Alexander	1	M			Ga	
439	Daniel, Asa	50	M		1,000/500	Tn	
	Susan	43	F			Ga	
	Chester	24	M			Ga	
	Josiah	21	M			Ga	
	Mary	10	F			Ga	
	Susan	8	F			Ga	

POST OFFICE -- TRENTON

440	Russell, C. W.	32	M	Teacher Common School	/500	Tn	
	Mary	27	F			Tn	
	John	6	M			Tn	
	Martha	4	F			Ga	
	James	1	M			Ga	
441	Porter, Sarah	41	F		/100	Ala	13
	Louisa	13	F			Ala	
	Levi	11	M			Ala	
	Maria	9	F			Ga	
	John	6	M			Ga	
	Samuel	4	M			Ga	
442	Payne, George	45	M	Farmer	1,000/500	Tn	13
	Louisa	44	F			Tn	13
	George	21	M			Tn	
	William	19	M			Tn	
	Ann	17	F			Tn	
	Samuel	8	M			Ga	12
	Dael, Patsy	60	F			Tn	13
	Posy	14	M			Ga	
443	Glazier, H. F.	60	M	Farmer	/100	Tn	13
	Margaret	57	F			Tn	13
	Johanna	28	F			Tn	
	James	21	M			Tn	
	Josephine	18	F			Tn	
	Richard	17	M			Tn	
	Martin W.	14	M			Tn	
	Josephine	12	F			Tn	
	Elizabeth	10	F			Tn	
	Mary A.	8	F			Tn	
	Henry	6	M			Tn	
	Julia	4	F			Tn	
444	Glazier, John W.	24	M		/40	Tn	
	Helen	21	F			Tn	
	Susan	3	F			Tn	
	Henry	1	M			Tn	
445	Weedle, John	40	M	Farmer	400/200	Tn	
	Mary	36	F			Tn	
	Joseph	15	M			Ga	
	Henry	12	M			Ga	
	Benny	7	M			Ga	
446	Casady, Adam	57	M	Rail Roader	/400	Tn	
	Julia	43	F			Tn	
	Mary	21	F			Tn	
	Irena	19	F			Tn	
	John	17	M			Tn	

POST OFFICE -- TRENTON

447	Bowman, James	25 M	Farm Laborer	/400	Ga
	Cynthia	22 F			Ga
	Margaret	3 F			Ga
	Joseph	1 M			Ga
448	Tatum, _____	42 M	Farmer	1,200/800	NC
	Martha	34 F			Ala
	Dica (?)	16 F			Ga
	Sarah	3 F			Ga
449	Griffin, Elizabeth	48 F			Tn
	Sarah	16 F			Tn
	John	12 M			Ga
	William	10 M			Ga
	Henry	7 M			Ga
450	Miligan, John	40 M	Farmer	/500	Ga
	Malinda	34 F			Ga
	Jessa	14 F			Ga
	Newton	12 M			Ga
	Mary A.	11 F			Ga
	Ellen	8 F			Ga
	Lucinda	6 F			Ga
	George	3 M			Ga
	Allen	1 M			Ga
451	Baker, James R.	37 M	Farm Laborer	/200	Tn
	Martha	34 F			Tn
	John	12 M			Tn
	Ellen	10 F			Ga
	Perry Lee	7 F			Ga
	George	3 M			Ga
452	Sutton, George	61 M		2,500/2,500	Tn
	(_____)	60 F			Gn
453	Sherman, M.	48 F		/100	Tn
	Milissa	14 F			Tn
	Marjorie	12 F			Ga
	Francis	9 M			Ga
454	Carter, William	40 M	Farm Laborer	/1,000	Tn
	Jane	10 F			Tn
	George	7 M			Tn
	Wood, William	50 M	Miller	/200	Tn
	Mary	18 F			Tn
	James	17 M			Tn
	Cassandra	16 F			Ga
	Mary	14 F			Ga
	Jenny	12			Ga

POST OFFICE -- TRENTON

455	Neuman, Shadrac	44 M			Ga
	Polly	28 F			Ga
	Orion	24 F			Ga
	Jane	11 F			Ga
456	Jenkins, Columbus (?)	35 M	Farm Laborer	/100	Tn
	Susan	25 F			Ga
	Margaret	9 F			Ga
	Sarah	8 F			Ga
	Martha	5 F			Ga
	Isaac	4 M			Ga
	Cynthia	1 F			Ga
	Courter, Clarissa	23 F			Ga
	Celin	2 F			Ga
	Susan	1 F			Ga
457	Bokern, Willis	52 M			Ga
	Betsy	40 F			Ga
	John	21 M			Ala
	Genzy	16 F			Ala
	Kinchen	12 F			Ala
	Willis	11 M			Ala
	George	8 M			Ala
	Jackson	23 M	Farm Laborer		Ala
	Julia	19 F			Ala
470	Fi____, David	24 M	Blacksmith		Ga

1860 SLAVE SCHEDULE

NAME OF OWNER	Number	Age	Sex	Color	Number of Slave Houses	Number of Slaves
Rogers, Ephraim T.	1	23	F	B	1	1
Sells, Solomon	1	50	M	B	1	1
Meadow, Martha	1	40	F	B	0	1
Pace, Benjamin F.	1	40	F	B	0	1
Mann, Emanuel	1	55	M	B	1	2
	1	48	F	M		
Gross, Ephraim	1	75	F	B	1	3
	1	21	M	B		
	1	19	M	M		
Brock, Benjamin	1	38	M	B	4	16
	1	33	F	B		
	1	24	F	M		
	1	16	F	m		
	1	16	M	B		
	1	16	M	B		
	1	12	M	B		
	1	12	M	B		
	1	2	M	M		
	1	2	M	B		
	1	12	F	B		
	1	10	F	M		
	1	8	F	B		
	1	4	F	B		
	1	3	M	B		
	1	16	F	B		
Taylor, Drucilla	1	45	F	B	1	7
	1	26	M	M		
	1	23	M	B		
	1	19	F	B		
	1	19	F	B		
	1	15	F	M		
	1	13	F	B		
Wakefield, L. B.	1	18	M	M	0	1
Nesbet, J. W. and J. C.	1	55	M	B	2	12
	1	50	M	B		
	1	26	M	B		
	1	24	M	B		
	1	20	M	B		
	1	26	M	M		
	1	15	M	M		
	1	55	F	B		
	1	23	F	B		
	1	11	F	B		
	1	3	M	B		
	1	1	M	B		
Grayson, Thomas	1	23	F	B	1	4
	1	11	F	B		
	1	3	M	M		
	1	1	M	B		

Name of Owner	Number	Age	Sex	Color	Number of Slave Houses	Number of Slaves
Gordon, Zachery	1	80	M	B	8	32
	1	40	M	M		
	1	30	M	M		
	1	25	M	B		
	1	25	M	B		
	1	12	M	B		
	1	9	M	M		
	1	7	M	M		
	1	2	M	M		
	1	30	M	B		
	1	1	M	B		
	1	45	F	B		
	1	30	F	B		
	1	80	M	B		
	1	40	F	M		
	1	40	F	B		
	1	30	F	M		
	1	25	F	M		
	1	25	F	M		
	1	23	F	B		
	1	30	F	B		
	1	9	F	B		
	1	10	F	B		
	1	6	F	B		
	1	6	F	B		
	1	5	F	B		
	1	7	M	M		
	1	6/12	M	B		
	1	6/12	M	B		
	1	6	F	B		
	1	4	F	B		
	1	7	M	B		
Street, Alfred	1	26	M	M	1	5
	1	24	F	M		
	1	8	M	B		
	1	6	F	M		
	1	1	M	M		
Hughes, Sarah	1	26	M	M	1	2
	1	25	M	M		
Stevens, Galatin	1	45	M	B	1	1
Street, Francis M.	1	30	M	B	0	1
Cross, Solomon	1	16	M	B	1	2
	1	14	F	B		
McKaig, John	1	84	M	B	2	7
	1	15	M	B		
	1	13	M	B		
	1	19	F	B		
	1	5	M	M		
	1	12	F	B		
	1	8	F	B		

Name of Owner	Number	Age	Sex	Color	Number of Slave Houses	Number of Slaves
Hazelhurst, George H.	1	75	F	B	2	12
	1	50	M	B		
	1	40	F	B		
	1	40	M	B		
	1	25	F	B		
	1	18	F	B		
	1	14	F	B		
	1	40	F	B		
	1	13	M	B		
	1	9	M	B		
	1	9	F	B		
	1	6	F	B		
Harris (?), Alexander B.	1	20	M	B	2	7
	1	17	M	B		
	1	2	M	M		
	1	18	F	B		
	1	16	F	B		
	1	12	F	M		
	1	3	F	B		
Easly, Charles B	1	13	F	B	0	2
	1	13	F	B		
Grimm, John	1	40	F	B	1	5
	1	24	F	M		
	1	7	M	M		
	1	5	M	M		
	1	1	F	M		
Cole, William I.	1	30	M	B	2	11
	1	30	F	M		
	1	28	F	M		
	1	22	M	B		
	1	10	M	M		
	1	5	M	B		
	1	4	F	M		
	1	3	F	M		
	1	2	F	M		
	1	1	M	B		
	1	1/12	F	M		
Russell, Henry O.	1	50	F	B	2	11
	1	22	F	B		
	1	21	M	B		
	1	20	M	B		
	1	19	M	M		
	1	13	F	B		
	1	6	F	B		
	1	4	M	B		
	1	4	F	B		
	1	2	F	B		
	1	5/12	F	M		
Paris, George W.	1	31	F	B	1	3
	1	24	M	B		
	1	17	M	M		

Name of Owner	Number	Age	Sex	Color	Number of Slave Houses	Number of Slaves
Easly, Benjamin	1	50	M	M	7	38
	1	40	F	M		
	1	24	M	B		
	1	18	M	M		
	1	14	F	M		
	1	13	M	M		
	1	12	M	M		
	1	10	F	M		
	1	8	M	M		
	1	6	F	M		
	1	5	M	M		
	1	2	M	M		
	1	1	M	M		
	1	29	F	B		
	1	15	M	B (Blind)		
	1	11	F	B		
	1	9	F	B		
	1	27	M	M		
	1	30	M	B		
	1	24	M	B		
	1	22	F	M		
	1	17	F	B		
	1	3	M	B		
	1	1	F	M		
	1	1/12	F	M		
	1	21	M	M		
	1	20	M	M		
	1	26	M	M		
	1	43	F	B		
	1	30	M	B		
	1	70	M	B		
	1	35	M	B		
	1	4	F	B		
	1	2	F	B		
	1	21	M	B		
	1	20	F	B		
	1	70	F	B		
	1	50	M	M		
Gordon, James H.	1	28	M	M	2	16
	1	30	F	B		
	1	25	F	M		
	1	25	M	B		
	1	23	M	B		
	1	24	M	B		
	1	17	M	M		
	1	15	M	B		
	1	15	M	M		
	1	12	M	B		
	1	10	F	B		
	1	7	M	B		
	1	5	F	B		
	1	3	M	B		
	1	2	F	B		
	1	6/12	F	B		

Name of Owner	Number	Age	Sex	Color	Number of Slave Houses	Number of Slaves
Paris, Robert M.	1	70	F	B	4	21
	1	50	F	B		
	1	45	F	M		
	1	35	M	M		
	1	35	M	B		
	1	25	M	M		
	1	20	M	B		
	1	40	F	M		
	1	27	F	M		
	1	38	F	M		
	1	16	F	M		
	1	13	M	B		
	1	8	M	M		
	1	12	F	M		
	1	7	F	M		
	1	9	F	M		
	1	6	F	M		
	1	8	F	M		
	1	2	F	M		
	1	23	M	B		
	1	1	M	B		
Tittle, David F.	1	18	F	B	1	1
Tittle, Peter	1	16	F	M	0	1
Tittle, George	1	40	M	M	1	1
Shamblain, A.	1	45	F	B	1	11
	1	22	M	B		
	1	18	F	B		
	1	17	F	B		
	1	12	M	B		
	1	10	F	B		
	1	4	F	B		
	1	2	F	B		
	1	35	M	M		
	1	2/12	M	M		
	1	1/12	M	B		
Fowler, A. M.	1	26	F	M	3	13
	1	24	F	M		
	1	25	F	M		
	1	18	M	B		
	1	18	M	B		
	1	10	F	M		
	1	10	M	B		
	1	5	M	B		
	1	5	M	B		
	1	4	M	M		
	1	3	M	M		
	1	1	M	B		
	1	1	M	B		
Cross, Joel	1	25	M	M	1	2
	1	28	M	B		

Name of Owner	Number	Age	Sex	Color	Number of Slave Houses	Number of Slaves
Hawkins, B. R.	1	16	M	M	0	1
Hawkins, B.	1	25	F	M	1	2
	1	6/12	F	M		
Holmes, Leroy C.	1	50	F	B	1	3
	1	18	F	B		
	1	17	F	B		
Davis, R.(K?) H.	1	20	M	B	1	2
	1	16	F	B		
Middleton, Margaret	1	38	F	B	1	1
Taylor, Reuben L.	1	24	F	B	0	1
Sutton, Leroy	1	43	M	B	3	15
	1	40	F	M		
	1	36	F	M		
	1	17	M	M		
	1	15	F	M		
	1	14	F	B		
	1	12	F	B		
	1	10	M	B		
	1	8	M	M		
	1	6	M	M		
	1	5	M	B		
	1	3	M	B		
	1	18	M	M		
	1	1	F	M		
	1	1/12	M	M		
Cuntock, James W.	1	65	M	B	1	3
	1	60	F	B		
	1	23	M	B		
Dunmissa, George	1	20	F	M	0	1
Tatum, Robert H.	1	40	F	B	1	2
	1	3	F	B		
Perkins, John B.	1	50	M	B	1	4
	1	50	F	M		
	1	9	M	B		
	1	6	M	B		
Wilkinson, John B.	1	35	F	B	2	4
	1	18	M	B		
	1	10	M	B		
	1	7	M	B		
Tatum, Howell	1	17	M	B	3	11
	1	14	M	B		
	1	20	F	B		
	1	18	F	B		
	1	14	F	M		
	1	12	M	B		
	1	10	M	B		
	1	8	M	B		
	1	4	M	B		
	1	2	M	M		
	1	1	M	B		
TOTAL	304					

MORTALITY SCHEDULE -- 1860

Name	Age	Sex	Color	Slave(?)	Married	Born	Month Died	Occupation	Cause of Death	Duration of Illness
Litton, ____	8/12	M	W			Ga	Sept.		Croup	3
Carrol, Jesse	82	M	W		M	Unk	Nov.	Farmer	Old Age	8
Mashburn, ____	2/12	M	W			Ga	Jan.		Croup	3
____, James	65	M	B	S	M	Tn	June		Mortification from Frost Bite	30
Samminds, Lewis	3	M	W			Ga	Nov.		Typhoid Fever	28
Price, Isaac	27	M	W			Tn	Nov.	Clerk	Consumption	120
Negro child	1	M	M	S		Ga	June		Worms	10
Fairbanks, Comfort	22	F	W		M	Tn	Apr.		Pneumonia	7
Thorb, ____	3/12	M	W			Ga	May		Unknown	60
Street, Irvin	46	M	W		M	Tn	Jan	Farmer	Typhoid Fever	30
Street, Elijah	17	M	W			Ga	Feb.	Farm Laborer	Typhoid Fever	30
Street, ____	4/12	F	W			Ga	Apr.		Unknown	4
____, Jane	22	F	M	S	M	Ga	Feb.		Puerple Peritinetnas	10
Negro child	1/wk	F	B	S		Ga	Feb.		Unknown	7
Freeland, Nancy	23	F	W			Ga	May		Quinsy	3
Freeland, Jenny	2	F	W			Ga	May		Quinsy	5
Tatum, Mary A.	35	F	W		M	Tn	July		Flux	40
Negro child	4/12	F	B	S		Ga	Oct.		Smothered	Sudde
Haimmer (Humswer), James	1/12	M	W			Ga	July		Smothered	Sudde
Lowe (Louse?), William	2	M	W			Ga	Nov.		Intermittent Fever	15
Case, Joshua	3/12	M	W			Tn	Mar.		Croup	Sudde
Wade, Eveline	25	F	W			Tn	Apr.		Consumption	300
Castleberry, Asa	9/12	M	W			Ga	Sept.		Flux	20
Cooper, William	55	M	W		M	Tn	July	Farmer	Accidentally Shot	Sudde

PART II

Confederate Units

Raised in Dade County, Georgia

Company B
6th Georgia Volunteer Infantry
Army of Tennessee, CSA
"Lookout Dragoons"

Name	Highest Rank	Personal Information
Alford, William Posey	Pvt.	
Anderson, John	Pvt.	
Bacon, Charles S.	Pvt.	
Bagwell, Richard B.	Pvt.	
Bagwell, William M.	Pvt.	
Ballinger (Bellinger), James	Pvt.	
Ballinger (Bellinger), William	Pvt.	Died July 28, 1862
Basden, Joel B.	Pvt.	
Basden, John H.	1 Lt.	
Baxter, Richard	Pvt.	Died February 5, 1862
Beckham, Jesse T.	Pvt.	Permanently Disabled
Bennett, Alexander S.	Cpl.	
Blevins, James	Pvt.	
Bowman, James A.	Pvt.	Killed September 17, 1862
Bradford, Joseph	Pvt.	
Brown, William C.	Pvt.	Died August 1, 1861
Brown, William H.	Musician	
Brumlow, John	Pvt.	Died June 10, 1862
Bryant, James	Pvt.	Killed May 31, 1862
Carter, Jesse M.	Pvt.	Permanently Disabled
Cartwright, James	2nd Sgt.	Killed June 27, 1862
Cartwright, John W.	3rd Cpl.	
Cartwright, William L.	Pvt.	Died June 17, 1862
Cartwright, William T.	1st Sgt.	
Clymer, John H.	Pvt.	Killed September 17, 1862
Clymer, Reuben D.	Pvt.	Permanently Disabled
Cooper, Gaines	Pvt.	
Cooper, Peter	Pvt.	Permanently Disabled
Coosay, John	Pvt.	
Craig, Isaac	Pvt.	
Davis, Julius	Pvt.	
Falls, John C.	Pvt.	
Francis, Josiah	Pvt.	Died August 25, 1862
Frazier, James	Pvt.	Killed May 31, 1862
Gatlen, Gilbert	Pvt.	Killed June 27, 1862
Gatlin, Thomas	Pvt.	Died December 4, 1861
Gifford, Robert	Pvt.	
Graham, Ezekiel D.	2 Lt.	
Guinn, John B.	Pvt.	Killed September 17, 1862
Hale, John W.	Pvt.	Killed September 17, 1862
Halloway (Holloway), James	Pvt.	
Halloway (Holloway), John	Pvt.	Permanently Disabled
Haney, Jefferson	Pvt.	
Hanna, John G.	Capt.	Killed September 17, 1862
Harp, James	Pvt.	
Head, Thomas Jefferson	Sgt. Maj.	Died April 17, 1927
Henry, Marquis L.	Pvt.	Died July 25, 1862
Herron, Joseph	Pvt.	Killed June 27, 1862

Company B

Name	Highest Rank	Personal Information
Hess, John	Pvt.	
Higgins, John W.	Pvt.	
Hooper, Peter	Pvt.	Permanently Disabled
Hughes, George W.	Pvt.	Permanently Disabled
Irvin, James	Pvt.	
Jordan, John V.	1st Sgt.	
Kelly, Charles S.	Pvt.	
Kizzert, James	Pvt.	
Kizzert, Jesse	Pvt.	
Lewis, Joseph R.	Pvt.	
Love, James M.	2nd Cpl.	Permanently Disabled
Mahan, David	Pvt.	Permanently Disabled (b. Hamilton Co., Tn., 183-)
Mathewson, James M.	2nd Sgt.	
McBee, Silas B.	Pvt.	Permanently Disabled
Meadows, Elijah Barker	Sgt.	
Mincher, John	Pvt.	Died December 11, 1861
Moore, Marquis D. L.	Pvt.	Died June 15, 1862
Moreland, Henry H.	Pvt.	Born McMinn Co., Tn., April 8, 1840
Morgan, John M.	Pvt.	
Morgan, Watson C.	Pvt.	
Nicholas, McKenzie	Pvt.	Permanently Disabled
Obar, J. Wesley	Pvt.	
Offett, Posey	Pvt.	
O'Neal, Joel	Pvt.	
Pace, Jeremiah Granville	1st Sgt.	
Payne, Bailey P.	Pvt.	
Payne, William L.	Pvt.	Killed May 31, 1862
Pennington, Thomas	Pvt.	Died June 30 or July 18, 18-
Potter, J. Bradford	Pvt.	
Praeter, Charles P.	Pvt.	
Price, James H.	Pvt.	
Price, William S.	Pvt.	
Quarles, James	Pvt.	
Quinton, Samuel B.	Pvt.	
Reeves, James M.	Pvt.	
Rockholt, Jason	Pvt.	Killed September 17, 1862
Rogers, William	Pvt.	
Samples, David	Pvt.	Killed September 17, 1862
Samples, George W.	Pvt.	
Samples, Levi	Pvt.	
Savage, Samuel H.	Pvt.	Permanently Disabled
Seay, Sanford G.	Pvt.	Born September 28, 1823 in
Seay, William J.	Pvt.	Died February 26, 1865
Shamblin, Andrew J.	Sgt.	
Shamblin, David H.	Pvt.	
Shamblin, Francis M.	Pvt.	Died October 13, 1861
Shamblin, Henry C.	Pvt.	
Sharrock, George W.	Pvt.	
Smith, Andrew J. (W?)	Pvt.	
Smith, James Cureton	Pvt.	

Company B

Name	Highest Rank	Personal Information
Smith, Moses M.	Pvt.	Died July 28, 1862
Smith, M. L.	Pvt.	
Smith, Samuel A.	Pvt.	
Smith, William B.	Pvt.	Permanently Disabled
Steele, Christian	Pvt.	
Steele, John	Pvt.	
Steele, Lewis	Pvt.	Died June 21, 1862
Stevens, George W.	Pvt.	Died July 3, 1864
Stewart, Alexander H.	Pvt.	
Stewart, Benjamin G.	Pvt.	
Stewart, Cornelius B.	Pvt.	
Stewart, George W.	1st Cpl.	
Stewart, John F.	Pvt.	
Stewart, John R.	Pvt.	
Stewart, William L.	3rd Sgt.	
Stovall, Augustus P.	4th Sgt.	Killed May 31, 1862
Stovall, Rufus C.	Pvt.	Died November 14, 1862
Sutton, James M.	Pvt.	
Tidwell, Jesse T. (P?)	Pvt.	
Tidwell, William Mathew	Capt.	
Tittle, William	Cpl.	
Turner, Jasper N.	Pvt.	
Vickers, Jonathan	Pvt.	
Wakefield, George H.	Pvt.	
Walton, John	Pvt.	
Wilkinson, Benjamin M.	4th Cpl.	
Wilkinson, William F.	1 Lt.	
Winters, Elijah	Pvt.	Killed May 31, 1862
Winters, Levi	Pvt.	
Wisener, William	Pvt.	Killed June 27, 1862
Young, Newton J.	Pvt.	Killed May 31, 1862

Company E
10th Regiment
Third Brigade, Georgia State Troops
(Most of these troops mustered out in May 1862)

Name	Highest Rank	Personal Information
Atkins, B. F.	Pvt.	
Bice, E. E.	2 Lt.	
Bond, J. P.	Pvt.	
Brock, W. E.	Capt.	
Case, James A.	4th Sgt.	
Clark, Benjamin	1 Lt.	
Clark, G. W.	Pvt.	
Cole, J. K. P.	Pvt.	
Cole, T. H. B.	3rd Sgt.	
Coin, Joseph	Pvt.	
Coin, James	Pvt.	
Earp, T. W.	Pvt.	
Ellis, J. H.	Pvt.	
Fletcher, A. E.	Pvt.	
Forester, Peter	Pvt.	
Forester, Joshua	Pvt.	
Hale, A. F.	Pvt.	
Hale, John S.	Pvt.	
Hale, Shaderack	Pvt.	
Hale, W. G.	1st Sgt.	
Hartline, J. P.	Pvt.	
Hartline, W. G.	Pvt.	
Helton, J. S.	5th Sgt.	
Hilburn, G. W.	3rd Cpl.	
Hillburn, John	Pvt.	
Hughs, Aaron	Pvt.	
Hughs, D. F.	Pvt.	
Hughs, John	Pvt.	
Jacoway, John G.	Pvt.	
Jenkins, William	Pvt.	
Kelly, John	Pvt.	
Liles, W. G.	Pvt.	
McCurry, Thomas	Pvt.	
McKaig, Francis	Pvt.	
Martin, R.	Pvt.	
Matison, W. W.	Pvt.	
Miller, John T.	Pvt.	
Murphy, C. F.	Pvt.	
Nailer, D. B.	Pvt.	
Nicholas, A.	Pvt.	
O'Neal, J. A.	Pvt.	
O'Neal, J. W.	Pvt.	
O'Neal, T. J.	Pvt.	
Phillips, S.	Pvt.	
Partin, J. H.	Pvt.	
Rogers, E. T.	3rd Lt.	
Ross, C. C.	Pvt.	
Ross, James M.	Pvt.	

Company E

Name	Highest Rank	Personal Information
Simpson, G. A.	Pvt.	
Simpson, James	Pvt.	
Smith, A. J.	Pvt.	
Sorrels, T. S.	Pvt.	
Steadman, J. S.	1st Cpl.	
Steel, C. O.	Pvt.	
Tatum, David E.	2nd Sgt.	
Tatum, Henry	Pvt.	
Tatum, H. L.	Pvt.	
Thomas, John	Drummer	
Tittle, Charles	Pvt.	
Tittle, G. W.	Pvt.	
Waddle, Felix	Pvt.	
Waddle, Thomas	2nd Cpl.	
Weens, C. C.	4th Cpl.	
West, J. P.	Pvt.	
Whitehead, John	Pvt.	
Wigley, James	Pvt.	
Winters, Milton	Pvt.	

COMPANY H
21st Georgia Volunteer Infantry
Army of Northern Virginia, CSA
"Silver Grays" or "Yancey Invincibles"

Name	Highest Rank	Personal Information
Allen, John	Pvt.	
Amos (Amoss), Madison F.	Pvt.	Died July 19, 1862
Atkins, James S.	2 Lt.	
Beckham, George W.	Pvt.	Died March 1, 1862
Beckham, James M.	Pvt.	
Beckham, Jesse	Pvt.	
Beckham, John	Pvt.	Died February 26, 1862
Benge, John T.	5th Sgt.	Killed June 27, 1862
Blevins, George W. (M?)	Pvt.	Permanently Disabled
Blevins, James Wesley	2 Lt.	Permanently Disabled
Blevins, Lewis	Pvt.	
Blevins, Stephen	Pvt.	Permanently Disabled
Blevins, William	Pvt.	
Blevins, W. E.	Pvt.	
Boatman, George W.	Pvt.	Died December 3, 1862
Boulden, Enoch Y.	Pvt.	Killed August 28, 1862
Boulden, George W.	2 Lt.	Died August 30, 1862
Bryant, James R.	Pvt.	
Burnett, Buford	Pvt.	
Carney, Patrick	Pvt.	
Christopher, William C.	5gh Sgt.	
Clark, Joel J.	Pvt.	Died May 15, 1864
Clark, John H.	Pvt.	Died September 18, 1861
Clark, William A.	Pvt.	
Cobb, Charles Robert (Robert Charles)	Pvt.	
Cook, Nicholas H.	1st Cpl.	Died May 22, 1862
Cooper, John C.	Sgt.	
Countiss (Countess), Benjamin F.	Pvt.	Died October 19, 1861
Countiss (Countess), John B.	Capt.	
Countiss (Countess)	Sgt.	Died prior to June 1864
Crosby, John C.	Pvt.	
Cross, Daniel	Pvt.	Died May 24, 1862
Crumbley, William A.	Pvt.	
Daniel, Francis (Franklin)	1 Lt.	
Dempsey, John	Pvt.	
Earp, Romulus M.	Pvt.	Died May 1, 1872
Easley, Benjamin	4th Cpl.	Died August 21, 1864
Easley, Charles B.	1 Lt.	Killed June 27, 1862
Evans, Leonidas	2 Lt.	
Fletcher, Andrew Jackson	Sgt.	
Fletcher, James Harrison	Pvt.	
Forrester, Callendar	Pvt.	
Forrester, David	Pvt.	Permanently Disabled
Fortenberry, Matthew D.	5th Sgt.	
Frizzell, Louis (Luke) R.	Pvt.	Permanently Disabled
Gatlin, Joshua	Pvt.	Died 1864

Company H

Name	Highest Rank	Personal Information
Gibson, Hiram	Pvt.	
Gibson, John	Pvt.	Died August 1862
Gilliam, James R.	Cpl.	
Gilliam, John	Pvt.	Died April 27, 1862
Griffin, William	Pvt.	
Hawkins, James T.	Pvt.	
Henderson, Hiram H.	Pvt.	
Herring, Jefferson T.	Pvt.	
Hicks, Isaac	1 Lt.	Died August 28, 1862
Johnson, Henry	2nd Sgt.	
Johnson, John	Pvt.	Died July 19, 1864
Jones, John C.	5th Sgt.	Killed September 19, 1864
Jones, Martin Wilborn	3rd Cpl.	Killed June 27, 1862
Jones, Warren	Pvt.	
Jones, William C.	Sgt.	Permanently Disabled
King, James Pinkney	Pvt.	Killed Aug 27, 1862
Knight, Merritt	Pvt.	
Lowry, Samuel C.	1 Lt.	
Malone, Augustus W. H.	Pvt.	
McBee, Robert Michael	Pvt.	
McDonald, George W.	Pvt.	Died October 15, 1861
McDonald, William	Pvt.	Killed August 28, 1862
Millsaps, Burrell	Pvt.	
Moore, George W.	1st Sgt.	
Murray, John W.	Pvt.	
Nisbet, James Cooper	Col.	
O'Neal, Alexander J.	Pvt.	
O'Neal, Augustus F.	Pvt.	Died probably 1864
O'Neal, Brittain B.	Pvt.	Killed June 27, 1862
O'Neal, James	Pvt.	Killed June 27, 1862
O'Neal, John W.	Pvt.	
O'Neal, Jules B.	Pvt.	Died December 15, 1861
Oyler, Daniel	Pvt.	
Oyler, Frederick	Pvt.	
Oyler, George W.	Pvt.	
Oyler, Gilliam	Pvt.	Killed August 26, 1862
Oyler, Smith	1st Cpl.	
Parmelee, Newton B.	Pvt.	Died June 10, 1863
Pennington, William	Pvt.	
Potter, John	Pvt.	
Revelle, Abel W.	Pvt.	
Revelle, James N.	3rd Sgt.	
Roe, Alexander	Pvt.	Died September 27, 1861
Roe, George	Pvt.	Died 1862
Roe, William M.	Pvt.	Died October 17, 1861
Russell, Henry	Pvt.	
Sammons, William J.	1st Sgt.	Died October 30, 1864
Smith, John C.	Pvt.	
Smith, Lanson T.	Pvt.	Died February 22, 1865
Smith, William C.	Pvt.	

Company H

Name	Highest Rank	Personal Information
Stewart, Jerry N.	Pvt.	
Tatum, George	Pvt.	Died December 21, 1863
Thurman, Riley V.	2nd Cpl.	
Tinker, Henderson	Pvt.	
Tinker, Jacob	Pvt.	Died August 23, 1863
Tinker, James W.	Pvt.	Died February 13, 1864
Tinker, William	Pvt.	Killed June 27, 1862
Warren, Charles	Pvt.	
Warren, Samuel H.	Pvt.	Killed June 27, 1862
Warren, William A.	Pvt.	Died September 13, 1861
Shatley, Gibson F.	1st Sgt.	
Whitehead, John	Pvt.	Died June 18, 1862
Wigley, Daniel	Pvt.	
Wigley, F. Marion	Pvt.	
Wigley, Jackson	Pvt.	

COMPANY F
34th Georgia Volunteer Infantry
Army of Tennessee, CSA

Name	Highest Rank	Personal Information
Baker, William	Pvt.	
Bennett, Joseph A.	2nd Cpl.	
Blevins, James	Pvt.	
Blevins, M. A.	4th Sgt.	
Blevins, Richard M.	1st Sgt.	
Blevins, W. H.	Pvt.	
Blythe, James W.	Pvt.	
Bond, John P.	1 Lt.	
Bradford, Henry M.	Pvt.	
Bradford, Jackson	Pvt.	
Bradford, William J.	Pvt.	
Brock, William E.	Capt., cmdg.	(in 1863 became Regt. Surgeon)
Brown, Granville	Pvt.	
Brown, W. J.	Pvt.	
Burket, Frederick	Pvt.	
Carroll, D. M.	Pvt.	
Case, James Alexander	2 Lt.	
Cheeves, K.	Pvt.	Died March 27, 1865
Clarke, George W.	1st Cpl.	
Coin (Coen), John R.	Pvt.	
Coin (Coen), Joseph	Pvt.	Died June 21, 1863
Coin (Coen), Thomas	Pvt.	
Cole, James K. P.	Pvt.	
Cole, Thomas H. B.	34d Sgt.	
Corley, Wilson L.	Pvt.	
Cowan, A. P.	Pvt.	
Craven, W. L.	Pvt.	
Cross, Thomas H. B.	Pvt.	
Cross, W. D.	Pvt.	
Davis, David	Pvt.	
Davis, Ephraim	Pvt.	Died April 11, 1864
Davis, William	Pvt.	
Davis, William	Pvt.	
Dodson, Samuel	Pvt.	
Ellis, James H.	Pvt.	
Ellis, William T.	Pvt.	
Forrester, Edward	Pvt.	
Forrester, Elisha	Pvt.	
Forrester, Hevalo L.	Pvt.	
Forrester, Joshua A.	Pvt.	
Fryar, Zebedee A.	Pvt.	Died August 23, 1863
Ganger, A. F.	Pvt.	
Goss, Andrew	Pvt.	
Goss, Frederick	Pvt.	Permanently Disabled
Goss, James M.	Pvt.	Died August 28, 1864
Goss, John	Pvt.	
Goss, Josiah	Pvt.	
Hale, Amon C.	Pvt.	
Hale, John S.	Pvt.	

Company F

Name	Highest Rank	Personal Information
Hale, Samuel Jackson	Pvt.	
Hale, Shadrack M.	4th Sgt.	
Hale, William M.	Pvt.	
Hammock, H.	Pvt.	
Haney, H.	Pvt.	
Harris, William I. (J?)	Pvt.	
Hartline (Heartline), John P.	Pvt.	
Hartline (Heartline), William G.	Pvt.	
Helton, Joseph S.	4th Sgt.	Died April 17, 1863
Hilburn, G. W.	4th Cpl.	
Hilburn, John J.	Pvt.	
Hughes (Hughs), Aaron	Pvt.	
Hughes (Hughs), David F.	Pvt.	
Hughes (Hughs), S. W.	Pvt.	
Irvin (Irwin), William H.	Pvt.	
Jenny, Isaac	Pvt.	
Jones, Andrew J.	Pvt.	
Jones, David J.	Pvt.	
Kelley, John	2 Lt.	
Killian, Lott	Pvt.	Died March 15, 1865
Killian, Noah	Pvt.	
Manning, Amos S.	Pvt.	
Mason, Gilbert M.	Pvt.	
Mason, James W.	Pvt.	
Mattison, Wesley W.	Pvt.	
Maxwell, Alias	Pvt.	
Maxwell, G. W.	Pvt.	
Maxewell, Moses E.	Pvt.	
McKaig, Francis	Pvt.	
Miller, John T.	Pvt.	
Moore, James	Pvt.	
Morris, Thomas J.	Pvt.	
Murphy, Jesse Parker	Pvt.	Died August 24, 1864
Naler, Dixon B.	3rd Sgt.	
Naler (Naylor), James C.	Pvt.	
Noah, William	Pvt.	
O'Neal, G. W.	Pvt.	
O"Neal, James A.	Pvt.	
O'Neal, Joel A.	Pvt.	
O'Neal, J. W.	2 Lt.	
O'Neal, Thomas J.	Pvt.	
Payne, James A.	Pvt.	
Quinton, Samuel B.	Pvt.	
Rogers, Ephraim T.	Capt.	
Ross, Christopher C.	Pvt.	
Sammons (Simmons), L. M.	Pvt.	Died in Union Prison, no date
Sanders, George A.	Pvt.	
Saunders, A. J.	Pvt.	
Seay, Sanford G.	Pvt.	Bn. in S.C., September 28, 18
Sells, Allen Alexandra	Pvt.	
Sells, William H.	Pvt.	

Company F

Name	Highest Rank	Personal Information
Sharrock, Thomas W.	Pvt.	
Smith, Carroll	Pvt.	
Smith, Hiram	Pvt.	
Southerland, Charles J.	Pvt.	
Steadman, James S.	Pvt.	
Steel, Charles O.	1st Cpl.	
Steel, Isaac, Jr.	Pvt.	Died September 25, 1862
Steel, James	Pvt.	
Stewart, William T.	Pvt.	
Stokes, W. B.	Pvt.	Died November 8, 1862
Tanner, David W.	Pvt.	Died September 1864
Tatum, Casper M.	Pvt.	
Tatum, Hardy L.	Pvt.	
Tatum, Jesse R.	Pvt.	
Taylor, James C.	Pvt.	
Thomas, John	2nd Sgt.	
Tittle, Charles	Pvt.	
Waddell (Waddle), Felix	Pvt.	
Waddell (Waddle), Thomas	Pvt.	
Wigley, James	Pvt.	
Wilkinson, James J.	Pvt.	Died March 27, 1865
Wilkinson, John Bat	Pvt.	
Wilson, Stephen	Pvt.	
Wood, General G.	Pvt.	

COMPANY D
39th Georgia Volunteer Infantry
Army of Tennessee, CSA
"Dade County Invincibles"

Name	Highest Rank	Personal Information
Allison, John	2 Lt.	
Anderson, John	Pvt.	
Austin, H. H.	Pvt.	
Austin, Thomas H.	Pvt.	
Benton, Stephen T.	Pvt.	
Benton, W. T.	Pvt.	
Bowman, A. D.	Drum Major	
Branum (Brannen), Martin, Jr.	Pvt.	
Bryan, W. M.	Pvt.	
Bryant, J. F.	Pvt.	
Bryant, Newton A.	Pvt.	
Buckner, Garrett D.	Pvt.	Died December 23, 1863
Buckner, W. W.	Pvt.	
Cagle, George W.	Pvt.	Died May 1863
Canard, William J.	Pvt.	
Carson, Frederick V.	Pvt.	
Cartwright (Cartright), J. B.	2nd Cpl.	
Case, Andrew P.	Pvt.	
Case, John W.	Pvt.	
Case, William R. (W?)	Pvt.	
Castleberry, Francis M.	Pvt.	
Castleberry, Ira	Pvt.	
Childers, John	Pvt.	
Clarke, George W.	1st Cpl.	
Connor, Marion	Pvt.	
Cooper, Harmon	Pvt.	
Corley (Carley), George W.	Pvt.	
Cross, Martin V.	Pvt.	
Cureton, James W.	Major	Permanently Disabled
Daniel, Francis (Franklin)	1 Lt.	
Daniel, John M.	Pvt.	(Born Dade Co., Ga. 1835; (Died 1919 in Dade Co.
Daniel, Josiah H.	Pvt.	
Daniel, Milligan Chester	Pvt.	Died in 1911
Daniel, S. H.	1 Lt.	
Daniel, William Henry	Pvt.	
Deakins (Dickens), S. T.	Asst. Surgeon	
Dearberry (Dearryberry), John C.	Pvt.	(Born in Tennessee 1844; (Died 1908 in Dade Co.
Dearberry (Dewberry), Milton	1 Lt.	Died October 30, 1862
Dearberry (Deerberry), William M.	1st Cpl.	
Doyle, Isaac	Pvt.	
Durham, W. C.	Pvt.	
Earp, Lorenzo W.	Pvt.	Died July 20, 1864
Earp, M. B.	Pvt.	

Company D

Name	Highest Rank	Personal Information
Earp, T. L.	Pvt.	
Ferrell (Farrell), Benjamin F.	4th Cpl, Company C	
Ferrell (Farrell), Charles A.	Pvt., Company C	
Fraker, G. D. M.	Pvt., Company C	
Furgerson (Ferguson), William	Pvt.	
Gauger (Gouger), William J.	Pvt.	
Gleeson (Glazier), Hiram F.	Pvt.	Died May 4 or 5, 1862
Griffin, Vincent W.	Pvt.	Died April 28, 1862
Haney, John	Pvt.	
Helton, George W.	Pvt.	
Helton, William	Pvt.	
Hess, W. D.	Pvt.	
Hibbs, George	Pvt.	
Jones, Simeon H.	1st Sgt.	
Kennedy, David H.	Pvt.	
Kennedy, John S.	Pvt.	
Law (Lowe), James R.	Pvt.	
Long, Jesse	Pvt.	
Long, Presley C.	Pvt.	
Longley, Jasper	Pvt., Company C	
Malone, Leroy H.	Pvt.	
Mansfield, Jasper	Pvt.	
McBee, Asa Jones	Pvt.	
McBee, Silas B.	Pvt.	
McBee, William	Pvt.	
McCally (McCaulley), John W.	Pvt.	
McDonald, Robert W.	Pvt.	
McIntire, Frank	Pvt., Company C	
Milligan, Charles W.	Pvt.	(Born February 26, 1826 in (Madison Co., Ga.
Morehead, G. W.	Pvt.	Born 1840 in Whitfield Co., Ga.
Morgan, William J.	Pvt.	
Morrison, George D.	Pvt.	
Murphey, Martin W.	Pvt.	
Murphey, Thomas M.	Pvt.	
Musgrove, Richard	Pvt.	
O'Neal, Julius P.	Pvt.	
Page, W. T.	Sgt.	
Pangle, Andrew L., Jr.	Pvt.	
Pangle, Andrew L., Sr.	Pvt.	
Pangle, Francis M.	Pvt.	
Parris, George W.	1 Lt.	
Payne, John D.	Pvt.	
Pearson (Pierson), Farrow	Pvt.	
Perkins, Alex H.	Pvt.	Died July 1, 1863
Phillips, William S.	Pvt.	
Porter, John H. G.	Pvt.	
Pursley, Alonzo J.	Capt.	

Company D

Name	Highest Rank	Personal Information
Pursley, James G.	Pvt.	
Pursley, James S.	Pvt.	
Quinton, C. M.	Pvt.	
Quinton, Jackson L.	Pvt.	Died 1912 in Dade Co., Ga.
Ray, Reuben M.	Musician	
Reaves, James B.	Pvt.	
Reaves, Riley A. C.	Pvt.	
Shaw, William	Pvt.	
Simpson, Cumming	Pvt.	Died February 16, 1864
Sitton, George W.	Pvt.	
Sitton, William M.	Pvt.	
Smith, Chancer (Charnes)	Pvt.	
Southerland, Charles J.	Pvt.	
Starling, Samuel E.	Pvt.	
Stephens, Jackson	Pvt.	
Stephens, Thomas	Pvt.	
Strawn, J. M.	1st Sgt.	
Sullivan, James	Pvt.	
Sullivan, John	Pvt.	
Sutton, Joel	1st Sgt.	
Tankersley, F. M.	Pvt.	
Tatem (Tatum), G. H.	2nd Sgt.	
Tatem, M. A. B.	5th Sgt.	
Taylor, Robert	Pvt.	
Thomas, Harmon (Harman) M.	Pvt.	
Tidwell, Leroy S.	Pvt.	(Born 1844 in Columbus, Ga.; (Died September 23, 1930 in Dade
Tinker, William	Pvt.	
Turner, Benjamin	Pvt.	
Wade, William C.	Pvt.	
Wakefield, John A.	Pvt.	
Wakefield, William P.	4th Sgt.	
Watt, Henry S.	1st Sgt.	
Weddle (Widdle), Amos	Pvt.	
Weddle (Widdle), Barney	Pvt.	
West, William N.	Pvt.	
Wigley, James	Pvt.	
Wilkerson, Huston V.	Pvt.	
Wilkerson, John Bat	Pvt.	
Williams, John	Pvt.	
Williams, J. L.	Pvt.	
Wilson, Benjamin E.	3rd Cpl.	Died June 11, 1864
Wilson, D. L. G.	Sgt.	
Wood, James W.	Pvt.	
Wood, William	1st Cpl.	
Woodall, David	Pvt.	
Young, John H.	Pvt.	
Young, Rufus K.	Pvt.	Died April 25, 1862

104th Regiment
Georgia State Troops
(Deactivated Fall, 1861)

Name	Highest Rank	Personal Information
Allison, H. L. W.	Commissary	
Austin, Stephen B.	Major	
Barron, F. V.	Ensign	
Blevins, Jonathan	1 Lt.	
Boatman, William	2 Lt.	
Brock, William E.	Colonel	
Case, James	2 Lt.	
Castleberry, Uriah	1 Lt.	
Cole, Thomas Hart Benton	2 Lt.	
Cureton, James W.	Sgt.	
Davis, K. H.	Capt.	
Dickens, Dr.	Surgeon's Mate	
Fowler, Alfred M.	Quartermaster	
Fryar, Zebadee	Ensign	
Groig (?), John	1 Lt.	
Gross, E. C.	Sgt.	
Hale, Mark, Jr.	Ensign	
Hale, Shadrach C.	Capt.	
Jacoway, John Garrett	Paymaster	
Kelly, John	2 Lt.	
Kennedy, James S.	1 Lt.	
Killian, Noah	1 Lt.	
Killian, Serigl (?)	Capt.	
Majors, E.	2 Lt.	
Morrison, William	2 Lt.	
Naylor, James C.	Capt.	
Patterson, J. E.	1 Lt.	
Reudleman, J. M.	Surgeon	
Rogers, E. T.	Sgt. Major	
Russell, Henry	Major	
Saturwhite, D.	2 Lt.	
Sitton, George W.	Ensign	
Smith, Hiram	Capt.	
Sutton, Joel	1 Lt.	
Tatum, Casper M.	Capt.	
Tatum, David	Ensign	
Tatum, Robert H.	Adjutant	
Weddle, John	Capt.	
Wilkinson, James	Ensign	
Wilson, D. L. G.	Capt.	
Wilson, H. G.	Ensign	

PART III

1870 Census, Dade County, Georgia

POST OFFICE -- SMITH

1	Scruggs, John	49 M W	Farm Laborer	/175	Ala	
	Mary	48 F W	KH		Tn	
	James	19 M W	Postmaster		Tn	
	William M.	17 M W			Tn	
	John L.	15 M W			Tn	
	Matilda	12 F W			Ga	
	Malissa	8 F W			Ga	
2	Stephens, Gallatin	59 M W	Farmer	5,500/600	SC	
	Chaney	61 F W	KH		NC	
	Mary	85 F W			SC	17
	Molly	60 F B			SC	16,17
	Mangum, Emily	17 F W			Ga	
3	Bible, Evaline	26 F W			Ga	17
	George W.	1 M W			Tn	
4	Bible, George A. R.	28 M W	Farmer	/400	Tn	
	Mary E.	30 F W	KH		Ga	
	Phillip G.	7 M W			Ga	
	John F.	4 M W			Tn	15
	Mary R.	2 F W			Ga	
	Hall, Andrew	15 M B			Ga	
5	Potter, Richard	25 M W	Farmer	500/200	Ga	16,17
	Sarah	50 F W	KH		Tn	17
	Elizabeth	20 F W			Ga	17
	Roach, Kiziah	80 F W			Tn	16,17
6	Potter, John	22 M W	Farmer	/150	Ga	16,17
	Louisa	19 F W	KH		Ala	
	Mary E.	1 F W			Ga	
	Cooper, Mary (?)	35 F W			Tn	
7	Forester, Edward	36 M W	Farmer	2,000/300	Tn	
	Elizabeth	33 F W	KH		Ga	16,17
	John	12 M W			Ga	15
	Elzy	10 F W			Ga	15
	Peter	8 M W			Ga	15
	Mary	6 F W			Ga	15
	George Ann	4 F W			Ga	
	Dolphus	2 M W			Ga	
8	Forester, Elisha	36 M W	Farmer	2,000/300	Tn	
	Lavina	35 F W	KH		Ga	16,17
	Elizabeth	12 F W			Ga	17
	William	10 M W			Ga	17
	David	8 M W			Ga	
	Rebecca J	6 F W			Ga	
	Lafayette	4 M W			Ga	
	Nancy A.	2 F W			Ga	
	Hyram	1 M W			Ga	
	Satterwhite, Baird M.	70 M W	Farmer	1,100/700	Ga	
	Ferely (?)	62 F W			Ga	

POST OFFICE -- SMITH

9	Tatum, Casper M.	42 M W	Farmer	1,100/700	Tn	
	Milly	41 F W	KH		Tn	17
	Nancy L.	20 F W			Ga	15
	Peter H.	18 M W			Ga	15
	Elizabeth	16 F W			Ga	15
	Rebecca J.	14 F W			Ga	15
	James A.	10 M W			Ga	15
	Jefferson D.	8 M W			Ga	15
	Mary E.	2 F W			Ga	
	Clayburn L.	9/12 M W			Ga	(Sept)
10	Tatum, Hardy L.	37 M W	Farmer	3,000/750	Tn	
	Mary	36 F W	KH		Ga	17
	Abiga L.	18 M W			Ala	15
	William H.	14 M W			Ala	15
	Elisha S.	11 M W			Ga	15
	Robert P.	9 M W			Ga	15
	Elizabeth	1 F W			Ga	
11	Blevins, Jonathan	52 M W	Farmer	2,500/1,000	Ky	
	Emily	49 F W	KH		Tn	17
	John C.	17 M W			Ala	17
	Emberson	15 M W			Ala	16,17
	Ganes	12 M W			Ala	17
	Martha J.	8 F W			Ga	15
	Rhoda E.	5 F W			Ga	
12	Blevins, Richard	29 M W	Farmer	/400	Ala	
	Mary A. E.	21 F W	KH		Ga	
	James	2 M W			Ga	
	Nancy E.	1 F W			Ga	
13	Blevins, Lewis	27 M W	Farmer	1,000/614	Ala	16,17
	Evaline	29 F W	KH		Ga	
	William	3 M W			Ga	
	Marion J.	11/12 M W			Ga	(July)
14	Blevins, William L.(?)	21 M W	Farm Laborer	/204	Ala	
	Sarah E.	23 F W	KH		Ala	
	Mandia R.	9/12 F W			Ala	(Sept)
15	Simpson, William	22 M W	Farm Laborer		Ala	
	Nancy E.	20 F W	KH		Ala	17
	William N.	8/12 M W			Ala	(Oct)
16	Killion, Francis F.	48 M W	Farmer	2,000/450	Tn	
	Jane E.	42 F W	KH		Ga	
	Thomas N.	20 M W			Ga	15
	Joseph L.	16 M W			Ga	15
	Nancy Jane	14 F W			Ga	15
	Manas S.	12 M W			Ga	15
	Franklin A.	10 M W			Ga	15
	Shadrack A.	8 M W			Ga	15
	Gaines R.	5 M W			Ga	
	James M. G.	1 M W			Ga	

POST OFFICE -- SMITH

17	Espy, Alford M.	25 M W	Farm Laborer		Ga	16,17
	Syntha M.	22 F W	KH		Ga	
	Hayes, Elmira	59 F W			NC	17
	Sarah L.	19 F W			Ala	15
	Martha P.	14 F W			Ga	15
18	Amos, Elbert I.	27 M W	Farmer	/150	Tn	
	Sarah E.	24 F W			Ga	
	John C.	3 M W			Ga	
	William C.				Ga	
19	Satterwhite, David	37 M W	Farmer	/225	Ga	
	Nancy	31 F W	KH		Tn	
	Susan E.	14 F W			Ga	15
	John C.	12 M W			Ga	15
	Emily L.	4 F W			Ga	
	Mary E.	1 F W			Ga	
20	Harttun, William T.	21 M W	Farm Laborer		Ala	
	Mary	20 F W	KH		Ala	17
	Anderson	3/12 M W			Ga	(March)
21	Harttun, William A.	43 M W	Brick Mason	/275	Ga	
	Mary Jane	35 F W	KH		Ga	
	Robert H.	19 M W				
	Doctor K.	16 M W				
	James J.	14 M W				
	Peter A.	11 M W				
	Sarah J.	11 F W			Ga	
	Rosea L.	6 F W			Ga	
	Joseph W.	4 M W			Ga	
	Martha A.	2 F W			Ga	
	Berkhalter, Mary J.	21 F B			Tn	16,17
	Ellen	6 F B			Ala	
22	Harttum, James A.	54 M W	Farmer	1,500/500	NC	
	Nancy C.	53 F W	KH		SC	17
	Sarah F.	18 F W			Ga	15
	Marion A.	15 M W			Ga	15
	Nancy J.	13 F W			Ga	15
23	Stokes, Young	58 M W	Wheelwright	500/175	Ga	
	Thomas	14 M W			Ga	
	Joseph S.	12 M W			Ga	
	Hyram E.	8 M W			Ga	
	Margaret E.	6 F W			Ga	
	Alford	4 M W			Ga	
	Laura	2 F W			Ga	
24	Russell, Mary	38 F W	Housekeeper		Ga	16,17
	Rosey	6 F W			Ala	
	White, Pherriley	30 F W			Ga	16,17

POST OFFICE -- SMITH

25	Smith, Henry	53 M W	Farmer	2,500/300	NC	
	Laura G.	38 F W	KH		Tn	
	Charles P.	7 M W			Ga	
	Martha E.	5 F W			Ga	
	Thomas B.	2 M W			Ga	
26	Davis, Toney	49 M B	RR Labor		Ga	16,17
	Matitia	35 F B	KH		Ga	16,17
	Sarah Ann	21 F B			Ga	16,17
	Benjamin	10 M B			Ga	16,17
	Moriah	8 F B			Ga	
	Lotty	6 F B			Ga	
	Samuel	3 M B			Ga	
	Toney	2 M B			Ga	
27	Ellis, Sarah	58 F W	Widow, Keeping House	/300	Tn	
	Nancy A.	25 F W			Ga	17
	Silas W.	21 M W	Farm Laborer		Ga	
	Mary E. M.	4 F W			Ga	
	Jasper M.	1 M W			Ga	
28	Ellis, John J.	28 M W	Mine Laborer	1,000/	Ga	
	Elizabeth	27 F W	KH		Ill	16,17
	Sarah R.	1 F W			Ga	
29	Wofford, Mark J.	43 M W	Shoe & Boot Maker		SC	
	Nancy J.	33 F W	KH		Ga	17
	Mary J.	17 F W			Ga	
	Samuel N.	9 M W			Tn	
30	Roe, Gale	27 M W	Lumber Sawer		SC	
	Margaret	23 F W	KH		Tn	16,17
	Lucinda	3 F W			Tn	
	Charles	1/12 M W			Ga	(May)
31	McBee, William N.	23 M W	Farm Laborer		Ga	
	Sarah R.	23 F W	KH		Tn	
	James M.	3/12 M W			Ga	(March)
32	Hibbs, George W.	24 M W	Teamster		Tn	16,17
	Nancy A.	25 F W	KH		SC	
	Sarah	4 F W			Tn	
	Mary E.	1 F W			Tn	
	Hill, Virginia E.	9 F W			Ala	
	Hickson, Nancy	20 F W			Ala	15
33	Brown, George W.	37 M W	Locomotive Engineer		Ga	
	Chrestia	37 F W	KH		Tn	
	George T.	11 M W			Ga	15
	Elizabeth I.(A)(?)	11 F W			Ala	15
	William S.	9 M W			Ala	15
	James A.	7 M W			Ala	15
	Martha A.	2 F W			Ga	

POST OFFICE -- SMITH

#	Name	Age	Sex	Race	Occupation	Value	Birthplace	Notes
34	Houston, George	65	M	W	Farmer	/2,500	Ga	
	Sarah S.	51	F	W	KH		SC	
	Fliming, Julian	5	M	W			SC	15
	Sarah H.	3	F	W			SC	
	Turgs, Julia	21	F	B			SC	
	Wallis, George	21	M	B			SC	15
	McKarg, William	15	M	B			Ga	15
35	Daniel, Allen C.	22	M	W	Farm Laborer		Ga	16,17
	Lorania C.	28	F	W	KH		Ga	
	Mary Jane	14	F	W			Ga	
36	Hayes, James K.	25	M	W	Farm Laborer		Ga	
	Charlsey A.	22	F	W	KH		Ala	
	Joseph L.	2	M	W			Tn	
	Lorrah E.	3/12	F	W			Tn	(March)
37	Brown, Lemuel	45	M	W	Farm Laborer		SC	
	Sarah	45	F	W	KH		SC	
	William T.	21	M	W			Ga	
	John W.	18	M	W			Ga	16,17
	Milly A.	16	F	W			Ga	16,17
	Mary A.	14	F	W			Ga	16,17
	Martha C.	12	F	W			Ga	16,17
	Rufus L.	10	M	W			Ga	16,17
	Milton T.	5	M	W			Ga	
38	Nesbit, James A.	57	M	W	Retired Lawyer	12,000/18,500	Ga	
	Frances W.	52	F	W	KH		Ga	
39	Nesbit, James L.	28	M	W	Rip in Leg	7,000/1,500	Ga	
	Mary Y.	25	F	W			NC	
	Frances W.	3	F	W			Ga	
	Melvina Y.	1	F	W			Ga	
40	Steel, Jacob	58	M	W	Farm Laborer	/625	Ky	16,17
	Seley	58	F	W	KH		Ky	16,17
	Sarah	42	F	W			Tn	16,17
	Cartha J.	40	F	W			Tn	17
	Milly	30	F	W			Ala	17
	Manda	16	F	W			Ga	17
	Richard	12	M	W			Ga	17
	William C.	9	M	W			Ga	
	Parilee	6	F	W			Ga	
	Mary	6	F	W			Ga	
41	Steel, John	34	M	W	Farm Laborer		Tn	16,17
	Malinda	33	F	W	KH			16,17
42	Street, Alford	62	M	W	Farmer	1,200/400	Tn	
	Mary	75	F	W	KH		Va	16,17
	Hughes, Sarah	73	F	W			Va	16,17

POST OFFICE -- SMITH

43	Martin, James	38 M W	Miner (Coal)		NC	
	Mary A.	27 F W	KH		SC	
	James J.	10 M W			Tn	17
	Sanobia	8 F W			Tn	
	Frank	6 M W			Tn	
	Joseph M.	2 M W			Tn	
	Ruth A.	3/12 F W			Ga	(March)
44	Spray, William	29 M W	Farmer	/250	Tn	
	Lavina E.	25 F W	KH		Tn	
	Margaret E.	5 F W			Tn	
	Rasmus C.	3 M W			Tn	
	James M.	1 M W			Tn	
45	McGlohon, Tanda	33 M W	Merchant	2,500/750	Ga	
	Mary A.D.E.G.	33 F W			Ga	
	Samuel B.	10 M W			Tn	
	Terry S.	9 M W			Tn	
	Key	6 M W			Ga	
	Martha E.	4 F W			Ga	
	Ella	2 F W			Ga	
	Bayley, Zelpha	65 F B			Ga	16,17
	Emanuel D.E.G.	30 M W			Ga	
	Bayley, Samuel T.	79 M W	Retired Lawyer	/1,500	Vt	
46	Horn, Daniel	57 M W	Farm Laborer	/110	SC	16,17
	Nasina	59 F W	KH		NC	17
	Frances N.	23 F W			NC	15
	Mary M.	21 F W			NC	15
	Manda A.A.G.	18 F W			NC	16,17
	Roach, Bidda E.	34 F W			NC	17
	Sarah J.	9 F W			NC	
	Harriet P.	7 F W			NC	
47	Forester, Calender	30 M W	Farmer	1,200/240	Ga	
	Losza	28 F W			Ala	17
	Lucia A.	10 F W			Ga	15
	Jesse J.	8 M W				
	Edward J.	6 M W				
	Noah	4 M W				
	Franklin	3/12 M W				(March)
48	Beckham, William L.	47 M W	Farmer	1,900/687	Tn	
	Martha	27 F W	KH		Ga	17
	Sarah S.	11 F W			Ga	15
49	Griffin, William M.	32 M W	Farm Laborer		Tn	
	Salina E.T.	26 F W	KH		Ga	
50	Beckham, Susan M.	71 F W	Widow KH		SC	17
	Nancy M.	47 F W	Seamstress		Tn	
	Elijah D.	9 M W			Ga	15

POST OFFICE -- SMITH

51	Dodge, Alven	32 M W	Carpenter		NY	
	Turissia E.	22 F W			Tn	
	Allis	2 F W			Mich	
52	McDaniel, Green B.	49 M W	Blacksmith		SC	
	Nancy C.	23 F W			Ga	
	Hyrdin T.	2 M W			Tn	
	Manass, Cresseller	11 F W			Ga	15
53	Fry, Allison	31 M W	Farm Laborer	/500	Ga	
	Matilda	24 F W			Ga	
	Henrietta	4 F W			Ga	
	Benjamin	2 M W			Ga	
	Mary E.	1 F W			Ga	
	Harrison H.	20 M W			Ga	
	Gay, Eliza	57 F W			SC	
54	Morrow, Robert	45 M W	Farm Laborer		Scotland	11,12
	Mary	49 F W	KH			11,12
	Elizabeth A.	13 F W				11,12,15
55	Gray, John A.	36 M W	Farm Laborer		Tn	
	Loretta J.	32 F W	KH		Tn	
	William M.R.	13 M W			Ga	15
	Nancy E.	12 F W			Ala	15
	Sarah Z.	10 F W			Ala	15
	Polly Ann	7 F W			Ga	15
	John C.	5 M W			Ala	15
56	Strut, Rufus	33 M B	Farm Laborer	/330	Tn	16,17
	Ailsey	40 F B	KH		Ky	16,17
	James	16 M B			Ga	16,17
	Adam	17 M B			Ga	16,17
	Pryer, Elizabeth	20 F B			Tn	16,17
	Scott	2 M B			Tn	
57	Lench, Erasmus C.	61 M W	Farmer	1,500/180	Tn	
	Berdine	55 F W			Tn	16,17
	George L.	22 M W	Farmer	/200	Tn	
	Naoma	20 F W			Tn	
	Elisha S.	18 M W			Tn	15
58	Sheperd, William	28 M W	Farmer		"Canidy-West"	11,12
	Susan	26 F W	KH		Tn	
	Mary	6/12 F W			Ga	11 (Nov.)

POST OFFICE -- SMITH

59	Harttum, John P.	47 M W	Farmer	1,200/740	Ga	
	Silia A.	39 F			Tn	
	Francis M.	23 F			Ala	
	Robert M.	20 M			Ala	
	Elizabeth A.	17 F			Ala	
	Eliza J.	14 F			Ala	
	Benjamin P.	6 M			Ala	
	Mary A.	4 F			Ga	
	John C.	3 M			Ga	
	Joseph A.	1 M			Ala	
	Oneal, Thomas R.	14 M W			Ala	17
	George W.	13 M W			Ala	17
	Lee, Senter	17 M B			Ala	16,17
60	Forester, Peter	42 M W	Farmer	6,000/3,500	Tn	
	Lucia A.	31 F W	KH		Ala	
	George	13 M W			Ga	15
	Marion	11 M W			Ga	15
	Louza J.	8 F W			Ga	15
	Joshua L.	5 M W			Ga	
	Nancy	3 F W			Ga	
	Elizabeth	9/12 F W			Ga	(Aug)
61	Jones, Asa	56 M W	Farm Laborer	/285	Ga	
	Malinda	26 F W	KH		Ala	
	Moriah L.	22 F W			Ga	17
	Martha J.	13 F W			Ga	15
	Franklin	11 M W			Ga	15
	Rebecca A.	11/12 F W			Ga	(July)
	William C.	9 M W			Ala	15
	Mary	6 F W			Ala	
	Mattie	4 F W			Ala	
62	Black, Berket	52 M W	Farm Laborer		Ga	
	Martha	43 F W	KH		Tn	17
	Nancy	17 F W			Ga	15
	William J.M.	15 M W			Ga	15
	John D.	12 M W			Ga	15
	Mary L.	9 F W			Ga	
	James C.	6 M W			Ala	
	Nancy J.	2 M W			Ga	
63	Fezzell, Lewis R.	28 M W	Farm Laborer		Tn	
	Sarah P.	24 F W	KH		Ala	
	Elizabeth A.	2 F W			Ala	
	James F.	11/12 M W			Ga	(July)
64	Martin, John A.	25 M W	Railroad Laborer		Tn	
	Hariet M.	18 F W	KH		Tn	
	Allis	1 F W			Tn	
	Nelson, William	21 M W	Railroad Laborer		Ga	
	Amanda	18 F W			Ga	
	Albert C.	11/12 M W			Ga	(July)

POST OFFICE -- SMITH

65	Bowers, Robert	41 M B	RR Laborer		Va	16,17
	Calloway, John	21 M B	RR Laborer		Tn	
	Jackson, Gilford	23 M B	RR Laborer		NC	17
	Foster, Cicero	23 M B	RR Laborer		Ga	16,17
	Holder, William	21 M B	RR Laborer		Tn	16,17
66	Hale, Shadrack W.	50 M W	Farmer	1,800/675	Tn	
	Sarah J.	41 F W	KH		Tn	
	Mary M.	18 F W			Ga	15
	Alexander	15 M W			Ga	15
	Covington C.	12 M W			Ga	15
	Charles S.	9 M W				15
	Josephine	7 F W				15
	William W.	5 M W				15
	Franka A.	2 F W				
	Henryetta	5/12 F W				(Jan)
	Scott	15 M M				17
	Arch	12 M M				17
67	Tedwell, Leroy	24 M W	Farm Laborer	1,000/375	Ga	
	Lavinah C.	23 F W			Ga	
68	Belenger, Philby	50 F W	KH		NC	
	Martha	48 F W			NC	
	Sarah	24 F W			Tn	
	Mary	20 F W			Tn	
	Washington	18 M W			Tn	
69	Hale, Mark	28 M W	Farmer	1,000/310	Ga	
	Sophia	22 F W	KH		Ga	
	Carah	1 F W			Ga	
	Hale, Mark, Sr.	78 M W	Retired Cab. Workman		Tn	
	Nancy	50 F W			Va	
	Martha	41 F W			Tn	
	Oskir	6 M W			Ga	

POST OFFICE -- RISING FAWN

70	Keath, Rufus S.	60 M W	Farmer	200/450	Tn	
	Nancy A.	48 F W	KH		Tn	17
	Calvin M.	22 M W	Farmer	/160	Ga	
	Matrcia C.	18 F W			Ga	
	Harny, Alexander	13 M W			Ga	17
71	Blevins, William	25 M W	Farm Laborer	/350	Ala	
	Loiza	27 F W	KH		Ga	
	Jonathan A.	3 M W			Ga	
	Sarah E.	2 F W			Ga	
	George L.	1 M W			Ga	
72	Blevins, Robert	22 M W	Farm Laborer	/229	Ala	
	Rufina	21 F W	KH		Ala	
	Louiz E.	10/12 F W			Ga	(Aug)
73	Allen, William R.	20 M W	Farmer	1,000/225	Ga	15
	Mary J.	19 F W	KH		Ala	17
	Martha E.	18 F W			Ga	16,17
74	McKaig, Evaline	68 F W	Widow KH	2,000/100	NC	
	Julia C.	18 F B			Ga	16,17
75	McKaig, Daniel B.	23 M B	Farm Laborer		Ga	17
	Lorra	20 F B	KH		Ga	17
	Nancy	3 F B			Ga	
76	Shields, Daniel	70 M B	Farm Laborer		Va	16,17
77	McKaig, Henry C.	24 M W	Farm Laborer	/128	Ga	(m.Dec.1869)
	Mary E.	17 F W	KH		Ga	17 "
78	Guinn, Francis S.	20 M W	Farm Laborer		Ga	(m. Mar)
	Mary E.	16 F W			Tn	17 "
79	McKaig, Hugh	47 M W	Farmer	/300	Tn	
	Emily S.	48 F W	KH		Ala	
	James S.	23 M W			Ga	15
	Sarah A.	18 F W			Ga	15
	Francis C.	17 F W			Ga	15
	Octary	16 F W			Ga	17
	Robert B.	14 M W			Ga	17
	Mary E.	12 F W			Ga	17
	Martha J.	6 F W			Ga	
80	Fanngton, William A.	49 M W	House Carpenter	/690	NC	
	Margaret C.	48 F W	KH		Tn	17
	James A.	22 M W	Farm Laborer		NC	
	William T.	19 M W			NC	17
	Nancy J.	17 F W			NC	15
	Eliza A.	15 F W			NC	15
	Julius S.	7 M W			Tn	15
	Emer	5 F W			Tn	
	Duggin, Jane	44 F W			Tn	

POST OFFICE -- RISING FAWN

#	Name	Age	Sex	Race	Occupation	Value	Birthplace	Notes
81	Benton, William L. (T?)	37	M	W	Farm Laborer	/350	Ga	16,17
	Malicia A.	40	F	W	KH		Ga	
	Malinda	15	F	W			Ga	15
	Mary E.	9	F	W				15
82	Trael(h?), Bevirly L.	33	M	W	Sadler & Harness Maker		Ga	
	Elizabeth A.	30	F	W				
83	Gibson, George	58	M	W	Farmer	/295	Ky	
	Mahala	54	F	W	KH		Ky	
	Mary C.	28	F	W			Ky	
	Malinda	23	F	W			Tn	
	Nancy J.	18	F	W			Tn	
	Franklin G.	15	M	W			Tn	
	Alvin C.	12	M	W			Tn	
84	Blevins, James W.	41	M	W	Farmer	2,000/435	Tn	
	Elizabeth A.	38	F	W	KH		Ala	
	Mary M.	20	F	W			Ga	15
	Elizabeth C.	11	F	W			Ga	15
	James S.	2	M	W			Tn	
	Nancy	65	F	W			Tn	
	Matildah	23	F	W			Ala	15
85	Onaell, John	52	M	W	Farmer	500/600	Ireland	
	Mary	29	F	W	KH		Tn	
	Nancy A.	5	F	W			Ga	
	Sarah O.	6/12	F	W			Ga	(Nov)
	Gotha, Mary E.	10	F	W			Ga	15
	Ellen E.	3	F	W			Ga	
86	Johnson(?), Samuel	30	M	W	Farm Laborer	/150	Tn	
	Nancy	30	F	W			Ala	17
	John	4	M	W			Ga	
	James	2	M	W			Ga	
	Amanda J.	3/12	F	W			Ga	(Mar)
87	Henderson, James	38	M	W	Farm Laborer		Tn	16,17
	Martha	25	F	W	KH		Ala	
	Lawless, Richard	55	M	W	Farm Laborer		Ireland	
88	Rogers, Mary	45	F	W	Widow KH	/240	NC	16,17
	John	17	M	W			Ga	17
	Rhody A.	15	F	W			Ga	15
	William	13	M	W			Ga	16,17
	Mary A	11	F	W			Ga	15
	Richard T.	9	M	W			Ga	
89	Butler, George W.	30	M	W	Farm Laborer		Tn	
	Emaline	25	F	W	KH		Tn	
	William	4	M	W			Ga	
	Martha	2	F	W			Ga	

POST OFFICE -- RISING FAWN

#	Name	Age	Sex	Race	Occupation	Value	Birthplace	Notes
90	Wingfield, Marcellus	49	M	W	Farmer	1,200/1,500	Ga	
	Amanda L.	30	F	W	KH		Ga	
	Josepein	23	F	W			Ga	
	John L.	12	M	W			Ga	
	Anna H.	10	F	W			Ga	
	Nesbit	8	F	W			Ga	
	Alford B.	6	M	W			Ga	
	Alexinia	17	F	B			Va	17
	Fisher, Emily	17	F	B			Ga	16,17
91	Coleman, Stewart	40	M	B	Farm Laborer	/100	Ga	16,17
	Martha	35	F	B	KH		Tn	16,17
	Malinda	16	F	B			Ga	16,17
	Jesse	10	M	B			Ga	16,17
	Emer	8	F	B			Ga	
	Green	6	M	B			Ga	
	Loizer	4	F	B			Ga	
	John	2	M	B			Ala	
	William	1	M	B			Ala	
	Jesse	2/12	M	B			Ga	
92	Rear(e)den(i)(?), Jeremiah	52	M	W	Farm Laborer	/365	Ireland	
	Julia	45	F	W			Ireland	16,17
	John J.	22	M	W			Ga	
	Henry	18	M	W			Ga	
	Michael	16	M	W			Ga	
	Catherine	12	F	W			Ga	17
	Andrew	9	M	W			Ga	
93	Bryant, Elisha	35	M	W	Farm Laborer	/25	Ga	17
	Stacy	34	F	W	KH		Ga	16,17
	Mary E.	10	F	W			Ga	16,17
	Judia	4	F	W			Tn	
	Orina	2	F	W			Tn	
	Marinda	7/12	F	W			Ga	(Nov)
	Pittmon, Elizabeth	51	F	W			Tn	16,17
94	Smythe, Robert	27	M	W	RR Laborer		Ga	16,17
	Susia	26	F	W	KH		SC	
95	Oeller, Daniel	54	M	W	Farm Laborer		Tn	
	Melvina	35	F	W	KH		Tn	16,17
	Louiza	16	F	W			Ala	16,17
96	Colman, Joseph	51	M	W	Farmer	1,000/250	Ky	
	Sarah E.	37	F	W	KH		Ga	
	Robert S.	15	M	W			Ga	16,17
	Thomas A.	13	M	W			Ga	17
	Elizabeth M.	11	F	W			Ga	16,17
	Francis N.	9	M	W			Ga	
	Rufus F. T.	6	M	W			Ga	
	Nancy H.	4	F	W			Ga	
	Joseph R. T.	2	M	W			Ga	

POST OFFICE -- RISING FAWN

97	Stovall, Robert G.	66 M W	Farmer	500/100	Ga	
	Eliza	63 F W	KH		Ga	
98	Stovall, Eugene	19 M W	Farmer		Ga	
	Martha	19 F W			Ala	
99	Austin, Berthina	48 F W	Widow KH		Ala	16,17
	Jonathan	15 M W			Ala	17
	Mary	13 F W			Ala	16,17
	Jane	11 F W			Ala	16,17
	Judah	9 F W			Ala	
100	Austin, Hezekiah	26 M W	Farm Laborer	/235	Ala	
	Sarah E.	25 F W	KH		Ga	
	Charles B.	4 M W			Ala	
	Mary J.	1 F W			Ga	
101	Donham, James B. (D?)	40 M W	R.R. Foreman	500/100	Ga	
	Malicia	29 F W	KH		Ga	
	Henryetter	15 F W			Ga	15
	James M.	7 M W			Ga	
	Julia E.	2 F W			Tn	
102	Coward, James W.	23 M W	R.R. Laborer		Ga	
	Nancy E.	23 F W	KH		Ga	17
	Mary A.	1 F W			Tn	
	Martha W.	2/12 F W			Ga	(Apr)
103	Dickerson, William	26 M W	R.R. Laborer		Tn	
	Easter S.	20 F W	KH		Tn	
	William J.	3 M W			Tn	
	Allin	5 M W			Tn	
104	Bryant, John F.	23 M W	Farm Laborer	/315	Ga	16,17
	Florida J.	22 F W	KH		Tn	
	Steel, Eady	20 F W			Ala	16,17
105	Guinn, Covington C.	59 M W	Farmer	4,000/1,546	Tn	
	Evaline	45 F W			Tn	
	Mary A.	25 F W			Ga	
	Julia	18 F W			Ga	
	Manerva	16 F W			Ga	
	Linnda M.	14 F W			Ga	
	Jesse B.	13 M W			Ga	17
	Charles A.	11 M W			Ga	17
	Lorrah L.	9 F W			Ga	15
	Flavius N.	6 M W			Ga	
	Gustavus J.	3 M W			Ga	
	Virgel P.	1 M W			Ga	
106	Eller, Huston	26 M W	Farm Laborer		Ga	
	Elizabeth M.	22 F W	KH		Ga	16,17
	Lorrah E.	2 F W			Tn	
	Martha M.	8/12 F W			Tn	(Oct)

POST OFFICE -- RISING FAWN

107	Hanna, Alexander	63 M W	Farmer	6,000/2,500	Ky	
	Matilda	61 F W			Tn	
	Guinn, Sarah	84 F W			Tn	
	Gatten, Thomas J.	17 M W			Ga	17
	Rebecca	15 F W			Ga	17
	Matilda	13 F W			Ga	17
	Nancy	11 F W			Ga	16,17
	William	9 M W			Ga	
	Virginia	6 F W			Ga	
	Ruth	15 F B			Ga	16,17
	Bill	11 M B			Ga	16,17
	Ichabod	9 M B			Ga	
108	Hale, John G.	21 M W	Postmaster	/150	Ga	
109	Thurman, Stephen N.	28 M W	Farmer		Tn	
	Betty J.	23 F W	KH		Ga	
	George W.	2 M W			Ga	
	Robert W.	2/12 M W			Ga	(Apr)
110	Buck, Benjamin	22 M W	R.R. Bridge Builder	100/-0-	Pa	
	Charity	25 F W	KH		Ga	16,17
	James M.	2 M W			Ga	
	Ellis, Malinda	52 F W			Tn	
	Nancy E.	17 F W			Tn	
	Rebecca	11 F W			Tn	
	James	19 M W			Tn	
111	Stewart, William	26 M W	Merchant	250/2,750	Ga	
	Rutha M.	22 F W	KH		Tn	
	Florance A.	2 F W			Ga	
	Joseph A.	4/12 M W			Ga	(Feb)
112	Stewart, George	33 M W	Merchant	250/2,750	Ala	
	Mary C.	27 F W	KH		Tn	
	Rausalene L.	2 F W			Ga	
	Adra L.	1 F W			Ga	
	John W.	11/12 M W			Ga	(July)
	Bonds, Andrew	16 M W			Ga	
113	Wood, Samuel A.	30 M W	Shoe & Boot Maker		Ga	
	Mary A.	30 F W	KH		Ga	
	Thursey	8 F W			Ga	
	John N.	6 M W			Ga	
	Mattie	4 F W			Ga	
	Arlinor	2 F W			Ga	
114	Sharrock, Thomas M.	36 M W	Blacksmith	/250	Tn	
	Moriah	30 F W	KH		Tn	
	John F.	12 M W			Ga	17
	Julius O.	10 M W			Ga	17
	James J.	4 M W			Ga	
	Olivi V.	1 F W			Tn	

POST OFFICE -- RISING FAWN

115	Allison, Amos	55 M W	Minister of the Gospel	/400	Va	
	Delancy	50 F W	KH		NC	
	Mary	22 F W			Ga	15
	Peyton	16 M W			Ga	15
	Lorrah L.	16 F W			Ga	15
	Julia F.	14 F W			Ga	15
116	Tedwell, William M.	35 M W	Brick Mason		Ohio	
	Georgia A.	22 F W	KH		Ga	
	Walter	2 M W			Ky	
117	Shell, Elisha M.	40 M W	Farm Laborer		NC	
	Margaret	28 F W	KH		Tn	
	Edmond	2 M W			Tn	
118	McClindin, George	56 M W	Farm Laborer	75/120	Ga	
	Jane	50 F W	KH		Tn	
	Anderson, Nancy	31 F W			Tn	
	Standhope, James	4 M W			Ga	
119	Lumpkin, Thomas J.	31 M W	Physician	1,000/500	Ga	
	Mary W.	27 F W	KH		Ga	
	Carra A.	1 F W			Ga	
120	Sutton, Joel	32 M W	Overseer on R.R.	700/125	Tn	
	Ruth W.	30 F W	KH		Ala	
	Elizabeth A.	18 F W			Ga	
	Mary C.	6 F W			Ala	
	Walter W.	3 M W			Ga	
	Evaline	1 F W			Ga	
	Willis	17 M B	Domestic Serv.		Ala	16,17
121	Davis, James M.	52 M W	R.R. Laborer	100/	Ga	
	Elizabeth R.	34 F W	KH		Ala	
	William H.	21 M W	R.R. Laborer		Ga	
	Joseph P.	17 M W	R.R. Laborer		Ga.	
	John K.	14 M W	R.R. Laborer		Ga	16,17
	Emma	12 F W			Ga	15
	Mary A.	9 F W			Tn	15
	James M.	3 M W			Tn	
	Ida	11/12 F W			Ga	(July)
122	Tatum, Robert H.	51 M W	Lawyer	25,000/600	NC	
	Paulina A.	35 F W	KH		Ala	
	William P. H.	19 M W	Clerk in Store		Ga	
	Ganes W.	17 M W			Ga	15
	Nancy A.	15 F W			Ga	15
	Maryland D.	13 F W			Ga	15
	Kate S.	7/12 F W			Ga	(Nov)
123	Allin, Margaret M.	32 F W	Widow KH	500/800	Ala	
	Joshua S.	9 M W			Ga	15
	Louler	7 F W			Ga	15
	Julian R.	5 M W			Ga	
	Clarence R.	4 F W			Ga	

POST OFFICE -- RISING FAWN

#	Name	Age	Sex	Race	Occupation	Value	Birthplace	Notes
124	Carmiks, Lucy	55	F	B	KH		Ala	16,17
	Micajah	35	M	B	Farm Laborer		Ala	16,17
	Simon	30	M	B	Farm Laborer		Ala	16,17
	Joe	7	M	B			Ga	
125	Morgan, Thomas J.	34	M	W	Merchant (Ret)	1,000/2,000	Ga	
	Mary J.	26	F	W	KH		Ga	
	John S.	11	M	W			Ga	15
	Ellen B.	9	F	W			Ga	15
	Rual A.	7	M	W			Ga	
	George F.	5	M	W			Ga	
	Samuel M.	2	M	W			Ga	
126	McBryer, Lorenzo D.	21	M	W	Farm Laborer		Ga	17
	Tennessee	20	F	W	KH		Ala	
	Anson	1	M	W			Ala	
127	Amos, John F.	64	M	W	Saddle maker (Ret)	/223	NC	
	Mary A.	28	F	W	KH		Tn	17
	Elizabeth	23	F	W			Tn	
	Eliza J.	21	F	W	School teacher		Tn	
	William B.	21	M	W	R.R. Laborer		Ala	
	Sarah	17	F	W			Ala	
	Martha	11	F	W			Ala	15
	Julia E.	10	F	W			Ala	15
	Brogain, Pullock	19	M	B	Farm Laborer		Ga	17
128	Moreland, George	28	M	W	Huckster		Ala	17
	Amanda	29	F	W	KH		Tn	
	George	20	M	W	"Without Occupation"		Tn	16,17
129	Bryan, William	34	M	W	Farm Laborer	/275	GA	16,17
	Lavina	35	F	W	KH		Tn	17
	Perlina	29	F	W			Ga	17
	Mary	65	F	W	Widow		NC	16,17
130	Sharrock, William	24	M	W	Farm Laborer	/100	Miss	
	Irzeller	20	F	W	KH		Tn	
	Robert L.	3	M	W			Ga	
	Finchas	16	M	W			Ga	
131	Wade, Eliza	38	F	W	Widow KH		Ala	16,17
	Thomas E.	18	M	W	Section hand R.R.		Ala	17
	Mary S.	15	F	W			Ala	17
	Tennessee	13	F	W			Ala	17
	Joseph	11	M	W			Ala	16,17
	Elizabeth G.	10	F	W			Ala	16,17
132	Withers, Jonson	43	M	W	Farmer	/475	Tn	
	Elizabeth	45	F	W	KH		Ga	16,17
	Sarah	18	F	W			Ga	
	Manirvy	17	F	W			Ga	17
	Asa	15	M	W			Ga	15,17
	Martha	13	F	W			Ga	15,17
	Elizabeth	10	F	W			Ga	15
	William	4	M	W			Ga	

POST OFFICE -- MORGANVILLE

133	Coats, Thompson	58 M W	Farm Laborer	/260	Ky	16,17
	Caroline	57 F W	KH		Tn	16,17
	Catherine	17 F W			Tn	16,17
134	Senter, John	57 M W	Farm Laborer		Ga	16,17
	Nancy	48 F W	KH		SC	16,17
135	Holms, Calvin	42 M W	Farmer	/518	Ala	
	Emily C.	35 F W	KH		Ga	
	Jane A.	18 F W			Ga	
	Thomas C.	16 M W			Ga	15
	John D.	13 M W			Ga	15
	Emily E.	8 F W			Ga	15
	William M.	6 M W			Ga	
	Leroy N.	4 M W			Ga	
	Mary A. L.	2 F W			Ga	
	Louiza	1/12 F W			Ga	(Apr)
136	Kelly, Joseph	32 M W	Farmer	2,500/500	Tn	
	Albatina	26 F W	KH		Ga	
	Elizabeth	22 F W			Tn	
	Susan A.	17 F W			Tn	
	Isabell	15 F W			Tn	
	Josephine	12 F W			Ga	15
	Mary M.	9 F W			Ga	
137	Kelly, George W.	24 M W	Farm Laborer		Tn	(m. Aug.)
	Rhoda A.	20 F W	KH			"
138	Foster, John G.	22 M W	Farm Laborer		Ga	
	Delilia	21 F W	KH		Ga	
139	Low, Lenard	53 M W	Farm Laborer		Tn	16,17
	Mary H.	46 F W			Ga	16,17
	Sophronia	16 F W			Ga	16,17
	Sarah M.	12 F W			Ala	16,17
	William H.	10 M W			Ala	16,17
	John H.	8 M W			Ala	
	Jonathan A.	5 M W			Ga	
	Mary 1.	1 F W			Tn	
140	Powel, Hexey	56 F W	Widow KH	1,000/900	Tn	17
	William E. W.	21 M W	Farmer		Ga	
	India	17 F W			Ga	
141	Snyder, James	22 M W	Farm Laborer		Ga	16, 17
	Sarah C.	22 F W	KH		Ga	17
	James S.	1 M W			Ga	
	Shamlin, John A.	9 M W			Ga	

POST OFFICE -- MORGANVILLE

#	Name	Age	Sex	Race	Occupation	Value	Birthplace	Notes
142	Drake, Landur C.	42	M	W	House Carpenter	/525	Tn	
	Hannah	42	F	W	KH		Va	
	James B.	18	M	W			Ala	15
	Franklin M.	17	M	W			Ala	
	Eliza Jane	15	F	W			Ala	15
	Ephraim M.	12	M	W			Ala	15
143	Wood, William	32	M	W	Farm Laborer	/100	Tn	
	Perlina A.	23	F	W	KH		Ala	17
	Agnas	74	F	W			NC	
144	McDaniel, Hugh P.	21	M	W	R.R. Laborer		Ala	17
	Martha E.	22	F	W	KH		Tn	16,17
	Mary A.	62	F	W			Ky	
	Elizabeth M.	28	F	W			Ala	16,17
145	Hook, Samuel A. B.	52	M	W	Farm Laborer	/179	Tn	
	Robert M. (Agt.)	- - -			- - - - -	10,000/	- -	
	Louiza	40	F	W	KH		NC	
	Thomas H.	10	M	W			Tn	
	Mary E.	7	F	W			Tn	15
	Frank D.	4	M	W			Ga	
146	Ridding, Samuel	35	M	W	Miller	/150	Ga	
	Nancy	23	F	W	KH		Ga	
	James M.	7	M	W			Ga	
	Joseph S.	5	M	W			Ga	
	Mary E.	3	F	W			Ga	
	Manirva	1	F	W			Ga	
147	Hook, Tull	35	M	B	Farm Laborer		Tn	16,17
	Dinir	35	F	B	KH		Gn	16,17
	Charles	10	M	B			Tn	16,17
	Hattie	8	F	B			Tn	
	John	4	M	B			Tn	
148	Martin, Dabney	48	M	W	Farmer	1,000/357	Tn	
	Elizabeth	40	F	W	KH		Ga	17
	Jane A.	13	F	W			Ga	15
	James M.	10	M	W			Ga	15
	David R.	6	M	W			Ga	
	Martha E.	2	F	W			Ga	
	Powel, John T.	17	M	W	Farm Laborer		Tn	15
149	Jonson, Jefferson	29	M	W	Farm Laborer		Ala	
	Susan	27	F	W	KH		Tn	
	John	14	M	W			Ala	16,17
150	Ray, Gabe	45	M	B	Farm Laborer		Va	16,17
	Elizabeth	35	F	B	KH		Ga	16,17
	Ellen	5	F	B			Ga	
	Mary	2	F	B			Ga	

POST OFFICE -- MORGANVILLE

151	Pope, Lee	26 M W	Farmer	1,500/100	Tn	
	Darious	22 M W	Farm Laborer		Tn	
152	Cobb, Lafayett	26 M W	Farm Laborer	/215	Tn	
	Lorah	24 F W	KH		Ala	
	Mary E.	1 F W			Ga	
	William M.	5/12 M W			Ga	(Jan)
153	McGill, William	56 M W	Farmer	1,000/210	Tn	
	Nancy A.	55 F W	KH		Ga	
	William R.	24 M W			Tn	
	Mary C.	22 F W			Ga	
	Martha E.	20 F W			Ga	
	Almeda M.	18 F W			Ga	
	Laura A.	15 F W			Ga	
	Care, Joseph L.	10 M W			Ga	15
	Brown, William R.	7 M W			Ga	15
154	Nabours, Benjamin F.	44 M W	Farmer	2,000/300	Tn	
	Harriet	29 F W	KH		Tn	
155	Stanafield, Thomas	30 M B	Farm Laborer		Ga	16,17
	Izibill	30 F B	KH		Ga	16,17
	Manirva	15 F B			Ga	16,17
	Nancy	5 F B			Ga	
	Sarah	3 F B			Ga	
156	Tettle, John	52 M W	Farmer	1,600/1,670	Tn	
	Mary	40 F W	KH		Tn	17
	Syntha E.	25 F W			Ga	
	Lavener	21 M W	Farm Laborer		Ga	
	Washington	19 M W			Ga	15
	Thomas	17 M W			Ga	15
	Richard	15 M W			Ga	15
	James	13 M W			Ga	15
	Sarah E.	11 F W			Ga	15
	Ellen T.	9 F W			Ga	15
	Florence	7 F W			Ga	
	Lorra A.	5 F W			Ga	
	Virginia L.	10/12 F W			Ga	
157	Parris, Robert M.	58 M W	Farmer	14,000/760	Tn	
	Elizabeth	54 F W	KH		Tn	
	Tennessee	21 F W			Ga	
	Rains, Mary J.	17 F W	Domestic Servant		Tn	17
	Fowler, Alfred	21 M B	Farm Laborer		Tn	
158	Parris, Borst	34 M B	R.R. Laborer		Tn	16,17
	Amanda	35 F B	KH		Ga	16,17
	Wade H.	9 M M			Ga	
	John	3 M B			Tn	
	Babe	8/12 F M			Ga	(Sept)

POST OFFICE -- MORGANVILLE

159	Parris, Louiza	30 F W	Widow KH	/250	Ga	
	Martha	9 F W			Ga	15
	Pirkins	7 M W			Ga	15
	Ray, Reubin	21 M W	Farm Laborer		Tn	
160	Frizzell, Allison	34 M W	Section Master, R.R.	/100	Tn	
	Ann M.	28 F W	KH		SC	
	James M.	8 M W			Tn	
	Major W.	1 M W			Ga	
161	Barnett, Richard	28 M B	R.R. Laborer		Ga	
	Mary	21 F M	KH		Ala	17
162	Stovall, Augustine	64 M W	Farm Laborer	/150	Ga	
	Martha	16 F M	KH		Ga	16,17
	Furdinand	14 F M				16,17
	Arian	11 F M				16,17
163	Millard, Watson C.	30 M W	Telegraph Opr.	/300	NY	
	Martha	26 F W	KH		Ga	
164	Moore, Joshua	61 M W	Stone Mason	/100	NC	
	Irena	50 F W	KH		Tn	
	William B.	22 M W	Day Laborer		Ga	
	Virginia E.	14 F W			Ga	
165	Cross, James A.	29 M W	Farmer	/210	Tn	(m. May)
	Amanda	20 F W	KH		Ga	"
166	Cross, Alford	68 M W	Farmer	3,000/321	Ky	
	Mary	53 F W	KH		Tn	
	Thomas H. B.	24 M W	Farm Laborer	/365	Tn	
167	Morris, Thomas J.	38 M W	Farmer	/325	Ga	
	Frances S.	35 F W	KH		Ga	
	Mary Jane	17 F W			Ga	
	Martha A.	15 F W			Ga	
	Almarine	12 M W			Ga	
	Asa B.	10 M W			Ga	
	William W.	5 M W			Ga	
	Ruben L.	3 M W			Ga	
	Rhoda A.	7/12 F W			Ga	(Nov)
	Jones, Moriah L.	25 F W	Housekeeper		Ga	
168	Chambers, William A.	33 M W	Farm Laborer	/224	Ga	
	Sarah	23 F W	KH		Ga	
	Charles A.	1 M W			Ga	
169	Moore, Nancy	30 F W	Widow KH		Ga	
	Norris, Nancy	13 F W			Ga	15
	Simpson, Ruben B.	13 M W			Ga	15

POST OFFICE -- MORGANVILLE

#	Name	Age	Sex	Race	Occupation	Value	Birthplace	Notes
170	Baisden, Nancy	40	F	W	Widow KH		Ga	
	David	10	M	W			Ga	15
	Nancy	7	F	W			Ga	15
171	Tettle, Sarah	54	F	W	Widow KH	10,000/500	Tn	
	Elizabeth	29	F	W			Ga	
	David	18	M	W	Farming		Ga	15
	Fanny	17	F	W			Ga	15
	Susannah	16	F	W			Ga	15
	Nancy	11	F	W			Ga	15
172	Clark, John	21	M	W	Farmer	/100	Ga	(m. Sept.
	Ann	21	F	W	KH		Ga	"
173	Prater, Elijah	23	M	W	Farmer	/100	Tn	
	Bershiby	23	F	W	KH		Ga	
	William	1	M	W			Ga	
174	Rogers, William, Sr.	70	M	W	Farmer	1,200/260	Va	
	Ruth	71	F	W	KH		Tn	
	Garner, Rebecca	73	F	W			Tn	
175	Rogers, William	31	M	W	Farm Laborer	/100	Tn	
	Vina	28	F	W	KH		Fla	
	Jacob	11	M	W			Fla	
	Jesse	6	M	W			Fla	
	Albert	4	M	W			Ga	
	Henry	2	M	W			Ga	
	Anner	11/12	F	W			Ga	(July)
176	Prewett, Volentine G.	30	M	W	R.R. Laborer		Tn	
	Izibiller	24	F	W	KH		SC	
	John T.	5	M	W			Tn	
	Mary J.	4	F	W			Ga	
	Sarah E.	2	F	W			Ga	
	Parilee (I. or L.)	1	F	W			Ga	
177	Deakins, Stephen R.	31	M	W	Physician	/400	Tn	
	Mary P.	27	F	W	KH		Tn	
	Rose E.	6	F	W			Ga	
	Walter P.	3	M	W			Ga	
	Hattie L.	2	F	W			Ga	
	Martin, Martha	8	F	W			Ga	
	Buckner, John	14	M	B	Domestic Servant		Ala	16,17
178	Cross, Joel	44	M	W	Farmer	3,000/1,000	Tn	
	Malinda	44	F	W	KH		Va	17
	John H.	19	M	W	Farm Laborer		Tn	15
	William B.	17	M	W	Farm Laborer		Tn	15
	Parilee E.	15	F	W			Ga	15
	George W.	14	M	W			Ga	15
	Hariett J.	12	F	W			Ga	15
	Zecheriah J.	10	M	W			Ga	15
	James B.	7	M	W			Ga	15
	Robert E. L.	4	M	W			Tn	

POST OFFICE -- MORGANVILLE

179	Lea, John	25 M W	Farm Laborer		Ga	17
	Martha J.	20 F W	KH		Ga	16,17
180	Shamlin, Andrew J.	25 M W	Farmer	/500	Ga	
	Lotty	21 F W	KH		Ga	
	Edward	3 M W			Ga	
	John	1 M W			Ga	
181	Jones, Raileigh	22 M W	Farm Laborer		NC (m.Sept.)	16,17
	Icedore	18 F W	KH		Tn "	15
182	Cross, Zecheriah J.	28 M W	Farmer	2,000/500	Tn	
	Joel	7 M W			Ga	15
	William	7 M W			Ga	15
183	Higgins, John	26 M W	Farmer	1,000/300	Tn	
	Eliza	25 F W	KH		Tn	
	John	1 M W			Ga	
	Nancy	60 F W			Tn	
	Hale, Mary A.	48 F W			Tn	
184	Shamlin, Archibald	63 M W	Farmer	2,500/700	Va	
	Martha A. E.	55 F W	KH		Ga	
	Rush W.	19 M W	Farm Laborer		Ga	15
	Meadow, John W.	18 M W	Farm Laborer		Ga	15
	Sifax	9 M W			Ga	
	Abreham L.	5 M W			Ga	
	Kelly, Charles	27 M W	Farm Laborer		Tn	
	Mathis, Susan	21 F W			Ga	
185	Meadow, Samuel	30 M B	Farm Laborer		Ga	17
	Caroline	23 F B			Ga	16,17
	John W.	4 M B			Ga	
	Lucy	1 F B			Ga	
186	Cobb, Charles R.	26 M W	Farm Laborer		Ga	
	Jane	21 F W	KH		Ga	
	George W.	1 M W			Ga	
187	Jonson, Aelley (?)	44 F W	Widow KH	/116	NC	16,17
	Duke	19 M W	Farm Laborer		Tn	16,17
	Bailey	16 M W	Farm Laborer		NC	17
	Amey	8 F W			NC	
	James	6 M W			Ga	
188	Shorb, John W.	45 M W	Farmer	700/100	NC	
	Sarah	40 F W	KH		NC	
	Jane	12 F W			Ga	15
	Virginia	7 F W			Ga	
	John B.	3 M W			Ga	

POST OFFICE -- MORGANVILLE

189	Davis, Kirksey H.	43 M W	Physician	1,700/1,000	Ga	
	Sarah E.	32 F W	KH		Ga	
	Cansas A.	12 F W			Ga	15
	Martha P.	10 F W			Ga	15
	Mary L.	2 F W			Ga	
	Meadow, Anna J. (Amay)	21 F W			Ga	15
190	Lea, Robert F.	36 M W	Farmer	1,500/500	Tn	
	Matilda A.	34 F W	KH		Ga	
	John B.	10 M W			Ga	15
	Hugh L.	8 M W			Ga	
	Martha A.	5 F W			Ga	
	Susan A.	2 F W			Ga	
	Tanner, James	22 M B	Farm Laborer		Ga	16,17
191	Patterson, Jonathan E.	48 M W	Farmer	1,000/600	NC	
	Josephine	15 F W	KH		Ala	
	Sidney	13 F W			Ala	15
	Martin	11 M W			Ala	15
	Cisaro	10 M W			Ga	15
	Dock	9 M W			Ga	15
192	Lollis, David	40 M B	Blacksmith	/100	Ky	17
	Izibiller	38 F B	KH		Ky	16,
	Mary E.	14 F B			Ky	16,
	Selia	12 F B			Ky	16,17
	John	10 M B	M B		Ky	16,17
	Peter	8 M B			Ky	
	Sineker	7 M B			Ga	
	Alena	3 F B			Ga	
	Edward	1 M B			Ga	
193	Cobb, Robert	26 M W	Farm Laborer		Tn	16,17
	Jane	24 F W	KH		Ala	16,17
	George M.	1 M W			Ga	
	Wheeler, Nancy A.	42 F W			Ga	
194	Townson, Jonson M.	52 M W	Farmer	5,000/2,000	Tn	
	Rebecca C.	40 F W	KH		Tn	
	Francis M.	21 M W	Farm Laborer		Tn	
	Emer A.	14 F W			Tn	
	William J.	6 M W			Ga	
	Anner E.	4 F W			Ga	
	Sarah M.	1 F W			Ga	
	Phillips, Sarah	30 F W			Tn	
195	Jermaney, Hannah	35 F B	KH		SC	16,17
	Allen	21 M B			Ala	
	Nancy	4 F B			Ala	
	Mays, Alford	25 M B	Farm Laborer		Ala	16,17

POST OFFICE -- MORGANVILLE

196	Green, George W.	30 M W	Stone Mason		Tn	
	Ellen	21 F W	KH		Tn	
	William	5 M W			Tn	
	Mary E.	1 F W			Tn	
197	Kamp, William	49 M W	Shoe & Boot Maker		NC	
	Martha J.	40 F W	KH		NC	
	Emilin	20 F W			Tn	
	Mary A.	18 F W			Tn	16,17
	Faliney	16 F W			Tn	16,17
	Rufus	14 M W			Tn	16,17
	John	12 M W			Tn	16,17
	Lorra A.	3 F W			Ala	
198	Pope, Mitch	39 M W	Farmer	7,500/2,000	Tn	
	Hattie	36 F W	KH		Ga	
199	Buckwal, William	58 M W	Farm Laborer		Tn	16,17
	Talitha	35 F W	KH			16,17
200	Hatfield, Randle	23 M B	Farm Laborer		Tn	16,17
	Elizabeth	50 F B	KH		Tn	16,17
	Martha	17 F B			Tn	16,17
	Julia	13 F B			Tn	16,17
	Lucinda	11 F B			Tn	16,17
	Emeline	9 F B			Tn	
	Jane	3/12 F B			Tn	(Mar)
201	Billips, Abriham	40 M B	Farm Laborer		Va	16,17
	Luvina	30 F B	KH		Ky	16,17
	Luther	11 M B			Ky	16,17
	Thomas	7 M B			Ky	
	Mary	5 F B			Ky	
	Nancy	3 F B			Ky	
202	Clark, Benjamin	48 M W	Farmer	/3,903	Tn	
	Mary A.	48 F W	KH		Tn	
	James	22 M W	Farm Laborer		Ga	15
	William I.	19 M W			Ga	15
	Nancy E.	17 F W			Ga	15
	Nathan	16 M W	Farm Laborer		Ga	15
	Susan E.	14 F W			Ga	15
	Benjamin F.	12 M W			Ga	15
	George C.	9 M W			Ga	15
	Lavina	6 F W			Ga	
203	Clark, Thomas	25 M W	Farm Laborer	/125	Ga	
	Amanda	20 F W	KH		Ga	
	David	10/12 M W			Tn	(Aug)

POST OFFICE -- MORGANVILLE

204	Cole, Dock	35 M B	Farm Laborer	/250	Tn	16,17
	Adaline	35 F B	KH		Tn	16,17
	Dink	20 M B			Ga	16,17
	John	17 M B			Ga	16,17
	Jane	14 F B			Ga	16,17
	George	12 M B			Ga	16,17
	Washington	10 M B			Ga	16,17
	Margaret	8 F B			Ga	
	William	1 M B			Ga	
205	Morgan, Rual A.	45 M W	Merchant, Dry Goods	7,000/3,000	Ga	
	Lorra A.	40 F W	KH		Tn	
	Mary	20 F W			Ga	
	William	18 M W	Farm Laborer		Ga	15
	Sarah	16 F W			Ga	15
	Harriet	14 F W			Ga	15
	Minah	12 F W			Ga	15
	John	10 M W			Ga	15
	Rebecca	8 F W			Ga	15
	Eugene	6 F W			Ga	
	Martha	4 F W			Ga	
	Lorra A.	2 F W			Ga	
	Rebecca	76 F W	Widow	/800	SC	
206	Killion, William	23 M W	Postmaster	/220	Ga	
207	Richmon, Asbury	42 M W	Blacksmith	/100	Tn	
	Phily	33 F W	KH		SC	
	James S.	16 M W			Ga	
	Phily E.	12 F W			Ga	17
	Lemuel C.	11 M W			Ga	15,17
	William	7 M W			Ga	
	Nancy	4 F W			Ga	
	Mary A.	1 F W			Ga	
208	Seamore, George	24 M W	Farm Laborer		Tn	16,17
	Susan	24 F W	KH		Tn	16,17
	William F.	2 M W			Ala	
	Edward	11/12 M W			Ala	(July
209	Pearsley, Willis	25 M W	Farm Laborer		Tn	
	Eliza	24 F W			Tn	
	William	4 M W			Tn	
	James	1 M W			Tn	
210	Hull, Edward	40 M W	Farm Laborer		Tn	16,17
	Sarah	30 F W	KH		Tn	
	Elizabeth	4 F W			Tn	
	Mary	1 F W			Tn	
211	Smith, Andrew J.	51 M W	Farmer	400/402	Tn	
	Sarah A. M.	48 F W	KH		Tn	
	Polly Ann	18 F W			Ga	
	Winny C.	16 F W			Ga	
	Judah L.	14 F W			Ga	
	Sarah Ann	12 F W			Ga	15

POST OFFICE -- MORGANVILLE

212	Cross, William	36 M W	Farmer	/300	Tn	
	Dedamia	31 F W	KH		Ga	
	George W.	6 M W			Ga	
	Corah	2 F W			Ga	
	Gillingham	10 M B			Ga	16,17
213	Smith, Caroline	45 F W	Widow KH	/240	SC	
	Low, William	12 M W			Tn	
	Cox, Syntha A.	8 F W			Tn	15
214	Boyle, James	62 M W	Farm Laborer		Ireland	11,12
	Elizabeth	58 F W	KH		SC	
	Michael	20 M W	Farm Laborer		Tn	11
	Hugh	17 M W	Farm Laborer		Tn	11
	Malinda	13 F W			Ga	11
215	Blevins, James	46 M W	Farm Laborer	/300	Ky	
	Sarah	41 F W	KH		Tn	
	John H.	18 M W	Farm Laborer		Ala	15
	James G.	16 M W			Ala	
	William C.	14 M W			Ala	
	Arrener	11 F W			Ga	15
	Ganes C.	6 M W			Ala	
	Hannah J.	2 F W			Ga	
216	Doyl, James	22 M W	Farm Laborer		Ga	(m. Dec.)
	Elizabeth	16 F W	KH		Ga	"
217	Jonson, Henry	40 M W	Farmer	200/250	Ga	
	Elizabeth	38 F W	KH		Ga	
	Mary J.	19 F W			Ga	
	Frances L. O.	16 F W			Ga	
	Walter E.	13 M W			Ga	
	Flanorra	11 F W			Ga	
	Sarah E.	9 F W			Ga	
	William J.	4 M W			Ga	
	Henry R.	1 M W			Ga	
218	Blaylock, James	45 M W	Farmer	200/250	NC	
	Lucinda	45 F W	KH		NC	
	John	20 M W	Farm Laborer		NC	
	Joseph	17 M W			NC	
	James	15 M W			NC	
	Willis	12 M W			Ga	16,17
	Sarah	9 F W			Ga	
	Henry	6 M W			Ga	
	Alfred	2 M W			Ga	
219	McKinney, Margaret	32 F W	Widow KH		Tn	
	Ruth A.	10 F W			Ala	16,17
	James F.	8 M W			Ala	
	Columbus W.	5 M W			Ala	
	Forester, David	24 M W	Farmer	1,000/800	Ga	
	Thurman, Wesley	48 M W	School Teacher		Tn	

POST OFFICE -- MORGANVILLE

220	Lukirog, Thomas	56 M W	Farmer	300/240	Ga	
	Susannah	66 F W	KH		SC	17
	John	24 M W	Farm Laborer		Ga	16,17
221	Woodall, Elizabeth	38 F W	Widow KH		Ga	
	Alexander	15 M W			Ga	17
	William	10 M W			Tn	16,17
	Susia	8 F W			Ga	
	Mary	6 F W			Ga	
222	Hawkins, James	24 M W	Farm Laborer		Ga	16,17
	Avina	22 F W	KH		Ga	
	Arziller F. E.	4 F W			Ga	
	Emer	2 F W			Ga	
	Ales M.	7/12 F W			Ga	(Nov, 1869
223	Sammons, Nancy	34 F W	Widow KH		Tn	
	Ephraim	17 M W	Farm Laborer		Ga	17
	James M.	15 M W			Ga	17
	John R.	13 M W			Ga	17
	William F.	11 M W			Ga	16,17
	George L.	9 M W			Ga	
	Lorra E.	6 F W			Ga	
	Joanna	3 F W			Ga	
224	Ross, Jane	63 F W	Widow KH	1,000/165	Tn	
	Sammons, Matilda	30 F W		/200	Tn	
225	Jones, Isaac	45 M W	Farm Laborer	/400	Tn	
	William	17 M W	Farm Laborer		Tn	15
	Parilee	10 F W			Ga	16,17
	James M-	6 M W			Ga	
	Mary A.	4 F W			Ga	

POST OFFICE -- TRENTON

226	Quinton, Samuel	24 M W	Farm Laborer		Ga	
	Mary A.	28 F W	KH		Ala	
	William H.	3 M W			Ga	
	James M.	1 M W			Ala	
227	Quinton, Jackson L.	27 M W	Farm Laborer		Ga	
	Mary E.	21 F W			Tn	
	Charles A.	7/12 M W			Ga	(Nov., 1869)
228	Green, William	43 M W	Blacksmith	/2,200	Ga	
	Caroline	44 F W	KH		Ga	
	James R.	18 M W	Farm Laborer		Ga	
	Elijah W. R.	15 M W			Ga	17
	Mary M.	13 F W			Ga	17
	Frances E.	9 F W			Ga	
	John L.	12 M W			Ga	
	Robert A. J.	5 M W			Ga	
	Manda A. J.	2 F W			Ga	
229	Stewart, James	77 M W	Farmer	800/260	NC	
	Luca	64 F W	KH		Ga	
230	Bates, James A.	71 M W	Farmer	5,000/800	Va	
	Martha	67 F W	KH		Ga	
	Rachel M.	28 F W			Tn	
	Mary A.	26 F W			Tn	
	Ezekiel H.	21 M W	Farm Laborer		Tn	15
231	Williams, Jerome	34 M W	Farm Laborer	/400	Tn	
	Sarah E.	36 F W			Tn	
	Roenis	6/12 F W			Ga	(Dec., 1869)
232	Anderson, Thomas E.	40 M W	Farmer	2,000/500	Tn	
	Emily E.	27 F W	KH		Ga	
	Hettie E.	8 F W			Ga	
	Mary M.	5 F W			Ga	
	Hiram N.	3 M W			Ga	
	James V.	4/12 M W			Ga	(Feb)
233	Blythe, James W.	38 M W	Farm Laborer		Ala	
	Martha L.	30 F W			Ga	
	Loiza J.	7 F W			Ga	
	Dielcina C.	4 F W			Ga	
	Rebecca	3 F W			Ga	
	Townson, Margaret	68 F W	Widow		NC	
234	Barsden, John	37 M W	Farm Laborer	/271	Fla	
	Martha A.	26 F W	KH		Ga	
	Lula S.	3 F W			Ga	
	George H. L.	2 M W			Ga	
	Mary B.	5/12 F W			Ga	(Mar)

POST OFFICE -- TRENTON

235	Rains, Ann	65 F W	Widow KH		Ga	
	James	30 M W	Farm Laborer		Ga	16,17
	Thomas	18 M W	Farm Laborer		Ga	15
	John	14 M W			Ga	16,17
236	Stewart, Jeremiah	25 M W	Farm Laborer		Ala	
	Mary A.	22 F W			Tn	
	John M.	3 M W			Ala	
	Molly T.	2 F W			Ala	
237	Tatum, Marion A. B.	25 M W	Farmer	/445	Ga	
	Ann J.	27 F W	KH		Ala	
	Byron E.	2 M W			Ga	
	Mary T.	1 F W			Ga	
	Withro, Nancy	30 F W			Ala	
238	Stewart, Elizabeth	45 F W	Widow KH		Ala	
	James M.	19 M W	Farm Laborer		Ga	16,17
	John M.	13 M W			Ala	16,17
	Sarah	6 F W			Ga	
239	Case, John W.	30 M W	Farm Laborer	/207	Tn	
	Mary J.	28 F W	KH		Ala	
	Martha J.	8 F W			Ga	
	James A.	6 M W			Ala	
	Sarah M.	2 F W			Ala	
	Leroy	12 M W			Ga	17
240	Lea, Nancy	53 F W	Widow KH		Tn	
	Mary E.	19 F W			Ga	
	Josephine	17 F W			Ga	
	John C.	15 M W			Ga	
	Carney, Sarah	63 F W	Widow		SC	
	Lumanda	23 F W			SC	
241	Bond, John P.	31 M W	Farmer	750/420	Tn	
	Nancy	31 F W	KH		Ga	
	James L.	2 M W			Ga	
	William S.	8/12 M W			Ga	(Oct., 1869)
	More, Rebecca	26 F W			Ga	

POST OFFICE -- MORGANVILLE

242	Hale, John S.	27 M W	Farmer	750/45	Ga	
	Nancy O.	17 F W	KH		Tn	
243	Davis, Nancy	60 F W	Widow KH		Ga	
	Joseph	18 M W	Farm Laborer		Ga	16,17
	William	14 M W			Ga	16,17
244	Oliver, James	43 M W	Farm Laborer	/372	Tn	
	Rachael	41 F W	KH		Tn	
	John	20 M W	Farm Laborer		Tn	15
	Martha	18 F W			Tn	16,17
	Jesse	16 M W	Farm Laborer		Tn	16,17
	Mary	16 F W			Tn	16,17
	Izibiller	14 F W			Tn	16,17
	George	12 M W			Tn	16,17
	James H.	10 M W			Ga	15
	William	8 M W			Ga	15
	Elizabeth	4 F W			Ga	15
	James T.	2 M W			Ga	
	Joanner	1 F W			Ga	
245	Young, Eliza	43 F W	Widow KH	/270	Ga	
	James K. P.	21 M W	Farm Laborer		Ga	17
	William	17 M W	Farm Laborer		Ga	16,17
	Thomas	16 M W	Farm Laborer		Ga	16,17
	Samuel	14 M W			Ga	15
	Rachel E.	12 F W			Ga	15
	Martha C.	10 F W			Ga	15
	Mary C.	7 F W			Ga	
	Josephine	5 F W			Ga	
246	McCollom, Joab	63 M W	Farmer	3,300/385	SC	
	Sarah M.	44 F W	KH		SC	
	Mary E.	18 F W			Ga	15
	James	16 M W			Ga	15
	Josephine	14 F W			Ga	15
	Naoma	12 F W			Ga	15
	Goodson	10 M W			Ga	15
	Martha	7 F W			Ga	
247	Withers, John	21 M W	Farm Laborer	/150	Ga	(m. Aug.,1869)
	Ellen	23 F W	KH		Ga	"
248	Killion, Scrug	39 M W	Farmer	4,800/1,880	Tn	
	Margaret A.	36 F W	KH		Tn	
	Mary A.	14 F W			Ga	15
	Medora	7 F W			Ga	
	Noah D.	5 M W			Ga	
	Lorra J.	3 F W			Ga	
	Arrourn	9/12 F W			Ga	(Sept., 1869)
	Morrah	12 F B			Tn	16,17
	Milligan, Lewis	19 M W	Farm Laborer		Tn	16,17

POST OFFICE -- MORGANVILLE

249	Mason, Lewis	63 M W	Farmer	80/200	Ga	
	Dorinda	46 F W	KH		Tn	
	Elizabeth S.	23 F W			Ga	
	Rhoda A.	11 F W			Ga	15
	Syntha L.	7 F W			Ga	
	Mary D.	4 F W			Ga	
	Holt, Samuel	17 M B	Farm Laborer		Ga	17
250	Lucus, John	57 M W	Farm Laborer		Ga	
	Nancy A.	17 F W	KH		Ga	
	Sarah J.	14 F W			Ga	
	John H.	12 M W			Ga	
	Shaw, Sarah	53 F W	Widow		NC	
251	Doyal, Jacob	22 M W	Farm Laborer		Ga	
	Elizabeth	18 F W	KH		Ga	
	William	10/12 M W			Ga	(Aug., 1869)
252	Jones, George W.	39 M W	Farmer	400/1,200	Ga	
	Dicy M. N.	27 F W	KH		Ga	
	Easter Ann	18 F W			Ga	
	Sarah E.	16 F W			Ga	16,17
	George W.	10 M W			Ga	16,17
	Martha J.	8 F W			Ga	
253	Tanner, Jane	60 F W	Widow KH	7,000/100	Ga	
254	Harris, William	28 M W	Farm Laborer	/300	Ga	
	Jane	30 F W	KH		Ga	
	David T.	8 M W			Ga	
	William R.	6 M W			Ga	
	John L.	4 M W			Ga	
	George W.	2 M W			Ga	
	Malinda	1/12 F W			Ga	(Nov., 1869)
255	Stedman, Philby	49 F W	Widow KH		Tn	
	Hamer	18 M W			Ga	
256	Fulgum, William	26 M W	Farm Laborer		Ga	
	Emily E.	21 F W	KH		Ga	
	George L.	1 M W			Ga	
	Jesse	1/12			Ga	(Apr)
257	Frizzell, Samuel	34 M W	Farm Laborer	/205	Tn	
	Morrah A.	23 F W			Ga	
	Jacob T.	3 M W			Ga	
	James A.	1 M W			Ga	
258	Harris, William	70 M W	Farm Laborer		Ga	
	Elizabeth	65 F W			Ga	

POST OFFICE -- MORGANVILLE

POST OFFICE -- MORGANVILLE

259	Hughes, John	42 M W	Farmer	1,000/145	Tn	
	Louiza	43 F W	KH		Tn	
	Thomas	19 M W	Farm Laborer		Tn	
	Nancy E.	17 F W			Tn	
	Jesse	15 M W			Tn	15
260	Manley, Vinson	43 M W	Farm Laborer		Ga	
	Margaret	40 F W	KH		Ga	
	Angeline	16 F W			Ga	16,17
	George	14 M W			Ga	16,17
	Arrozena	12 F W			Ga	16,17
	William	10 M W			Ga	16,17
	Clarinda	8 F W			Ga	
261	Clanton, Mary	55 F W	Widow KH		Ga	
	Elias	20 M W	Farm Laborer		Ga	16,17
	Elizabeth A.	19 F W			Ga	16,17
	Jane	16 F W			Ga	16,17
262	Gillom, Winfield	39 M W	Farm Laborer		NC	
	Arminda C.	30 F W			Ga	
	Warren	9 M W			Ga	
	Mary L.	5 F W			Ga	
263	Wilson, Hiram G.	53 M W	Farmer	1,300/375	NC	
	Mary	35 F W	KH		Tn	
	Virginia	7 F W			Ga	
	Margaret	5 F W			Ga	
	Thomas J.	3 M W			Ga	
	Buannerraster	2 F W			Ga	
264	Smith, Joseph	41 M W	Farm Laborer	/265	Ala	
	Narcissa	35 F W	KH		Ala	
	Caroline	22 F W			Ala	
	John	20 M W	Farm Laborer		Ala	
	George	19 M W	Farm Laborer		Ala	17
	Jesse	12 M W			Ala	16,17
	Henry	9 M W			Ala	
	Martha	2 F W			Ala	

POST OFFICE -- TRENTON

265	Naits, James	32 M W	R.R. Laborer		Tn	
	Rachel	32 F W	KH		Va	
	Joseph	10 M W			Ga	15
266	Sorrels, Thomas	41 M W	R.R. Laborer		NC	17
	Louiza	30 F W	KH		SC	
	Sarah J.	16 F W			Tn	15
	Mary A.	12 F W			Tn	15
	James D.	10 M W			Tn	15
	John T.	7 M W			Tn	
	Louiza C.	3 F W			Ga	
	Thomas J.	1 M W			Ga	
	Jonson, Dock	24 M B	R.R. Laborer		Ga	16,17
	Harry	17 M B	R.R. Laborer		Ga	16,17
	Calvin	22 M B	R.R. Laborer		Ga	16,17
	Henry	18 M B	R.R. Laborer		Ga	16,17
267	Thomison, Richard	35 M B	R.R. Laborer		Tn	
	Lucinda	13 F B	KH		Tn	16,17
	Rufus	10 M B			Tn	16,17
	Allis	5 F B			Ga	
268	Reede, Martin	34 M B	R.R. Laborer		Tn	
	Sopha	27 F B	KH		Ga	
	Amanda J.	11 F B			Ala	16,17
	Emer	9 F B			Ala	
	Martha A.	7 F B			Ala	
	James	1 M B			Ga	
	Stublefield, Frank	21 M B	R.R. Laborer		Tn	
	Little, Martin	22 M B	R.R. Laborer		SC	
269	McMahan, John	29 M W	Farmer	/450	Ala	
	Jane	20 F W	KH		Ga	
270	Dereberry, Nancy	35 F W	Widow KH	2,800/200	Tn	
	Caroline	16 F W			Ga	
	Philmore	13 M W			Ga	15

(In same house with John McMahan, No. 269)

271	Taylor, Zecheriah	27 M W	Farm Laborer		Ga	
	Nancy	26 F W	KH		Ga	
272	Tidwell, Eli	48 M W	Farm Laborer		SC	
	Elmira	34 F W	KH		NC	
	July A.	1 F W			Ga	
	Gibson, Jane	12 F W			Ga	16,17
273	Taylor, Rubin L.	63 M W	Farmer	9,000/1,500	Ky	
	Malda M.	58 F W	KH		Tn	
	William S.	15 M W			Ga	15
	Hurtial V. J.	13 M W			Ga	15
	Malda	8 F W			Ga	
	Hambleton, John	15 M W			Ala	16,17
	Vaughan, Thomas	14 M W			Ga	16,17
	Lovelady, Sarah	19 F W			Ga	

POST OFFICE -- TRENTON

274	Ausbon (Osborne?), Bluford	50 M W	Blacksmith		Ga	
	Mary A.	45 F W	KH		Ga	
	Catharine	13 F W			Ga	16,17
	Rebecca	30 F W			Ga	17
	Merica M.	14 F W			Ga	17
	Charles	10 M W			Ga	16,17
275	Pittman, John	22 M W	Farm Laborer	/206	Ga	
	Matilda J.	29 F W	KH		Ala	
	Leanner P.	11 F W			Ga	15
	Sarah N.	7 F W			Ga	
276	Debos, Mary	38 F W	KH	1,000/200	Tn	
	Killion, William	12 M W			Ga	15
	George W.	10 M W			Ga	15
	Mary	8 F W			Ga	15
	Josephine	2 F W			Ga	
277	Avans (Evans?), Francis M.	41 M W	Minister of the Gospel		Tn	
	Elizabeth	32 F W	KH		Tn	
	Thomas J.	14 M W			Tn	15
	Sarah E.	12 F W			Tn	15
	Frances M. T.	9 F W			Tn	15
	James W.	7 M W			Tn	
	Mary J.	4 F W			Tn	
278	Sells, Allen A.	43 M W	Farmer	2,500/600	Tn	
	Luca	40 F W	KH		Tn	
	Margaret E.	14 F W			Tn	15
	William R.	12 M W			Ga	15
	Nauna K.	10 F W			Ga	15
	Mary J.	8 F W			Ga	
	John H.	6 M W			Ga	
	Luarma	4 F W			Ga	
	Sally Mc.	11/12 F W			Ga	(July 1869)
279	Payne, George	67 M W	Farm Laborer	/313	Tn	
	Elizabeth	64 F W	KH		Tn	
	Samuel	16 M W	Farm Laborer		Ga	15
280	Killion, Noah	41 M W	Blacksmith	2,800/501	Tn	
	Ann E.	37 F W	KH		Ga	
	Elizabeth	14 F W			Ga	
	Ibby R.	12 F W			Ga	
	William H.	9 M W			Ga	
	Mary E.	7 F W			Ga	
	Jane A.	5 F W			Ga	
	Sarah V.	3 F W			Ga	
	Charles A.	10/12 M W			Ga	(Aug. 1869)
281	Austin, William H.	23 M W	Blacksmith	/250	Ga	
	Betty E.	27 F W	KH		Ga	

POST OFFICE -- TRENTON

282	Evans, William P.	35 M W	Farm Laborer		Ga	
	Mary W. D.	34 F W			Tn	
	Robert A.	9 M W			Tn	
	Emeline	7 F W			Tn	
	Syntha	2 F W			Tn	
283	Killion, Joseph	50 M W	Farmer	/580	Tn	
	Nancy	36 F W	KH		Ga	
	Jane	17 F W			Ga	
	Rubin L.	11 M W			Ga	15
	Joseph S.	8 M W			Ga	
	Thomas M.	5 M W			Ga	
	Mary L.	2 F W			Ga	
284	Hughes, Martin	44 M W	Farm Laborer	/165	Tn	
	Nancy J.	21 F W			Ga	17
	Caldoney E.	18 F W			Ga	17
	Mary N.	16 F W			Ga	17
	Samuel S.	13 M W			Ga	16,17
	James H.	11 M W			Ga	16,17
	Sarah S.	9 F W			Ga	
	John S.	7 M W			Ala	
	Thursey	2 F W			Ala	
	Susan	65 F W			Tn	
	Bennett, Florana	7 F W			Ga	
285	Perry, Thomas	62 M W	Farm Laborer		Ireland	11,12
	Lavisa	50 F W	KH		Ga	
286	Lain, Zilpha	43 F W	Widow KH		Tn	
	Susan	18 F W			Tn	
	Emaline	15 F W			Tn	
	Catharine	10 F W			Tn	17
287	Sutten, Leroy	56 M W	Farmer	10,000/1,500	Tn	
	Kizrah E.	47 F W	KH		NC	
	Matilda H.	23 F W			Ga	
	Margaret W.	21 F W			Ga	
	William H.	17 M W	Farm Laborer		Ga	
	Sarah E.	15 F W			Ga	
	George	80 M W	Retired Blacksmith		Ga	
	Betsey	77 F W			NC	
288	Sutten, John	56 M B	Farm Laborer		Tn	16,1
	Charles	17 M B	Farm Laborer		Ga	16,1
	George	15 M B			Ga	16,1
	William M.	13 M B			Ga	16,1
	Lancy	11 F B			Ga	16,1
289	Sutten, James M.	29 M W	Farmer	/200	Ga	
	Mary	22 F W	KH		Ala	
	Heard	3 M W			Ala	

POST OFFICE -- TRENTON

290	McLain, Andrew	50 M W	Farmer	3,000/1,000	Scotland	11,12
	Sarah	40 F W	KH		Pa	
	James H.	10 M W			Pa	11
	Lizzie W.	8 F W			Pa	11
	Waller, John	18 M W	Farm Laborer		Ga	
291	Thomison, Richard	40 M B	Farm Laborer		Tn	16,17
	Eliza	35 F B	KH		Tn	16,17
	Lucinda	13 F B			Tn	16,17
	Rufus	11 M B			Ga	16,17
	Cate	8 F B			Ga	
292	Philby, Richard	28 M W	Farm Laborer		SC	
	Mary	25 F W	KH		Tn	
	James	6 M W			Ga	
	John	1 M W			Ga	
293	Bulcher, John	33 M B	Farm Laborer		Ga	16,17
	Jane	23 F B	KH		Ga	16,17
	Assia	2 F B			Ga	
	Minnelee	6/12 F B			Ga	(Dec. 1869)
294	Hazelhurst, Peter	40 M B	Farm Laborer		Ga	16,17
	Betty	35 F B	KH		Ga	16,17
	Mary J.	14 F B			Ga	16,17
295	Beach, Labousa G.	50 M W	Farm Laborer	/100	SC	
	Judia	49 F W	KH		SC	17
	Jefferson	21 M W	Farm Laborer		SC	15
	William	17 M W	Farm Laborer		SC	15
	Susan	15 F W			SC	15
	Abreham	10 M W			Ga	17
	Nancy	9 F W			Ga	
296	Beach, John	19 M W	Farm Laborer		SC	17
	Molly L.	18 M W	KH		Ala	16,17
	Nancy E.	1 F W			Ga	
297	Reede, Martin	35 M B	R.R. Laborer		Ala	16,17
	Sophia	34 F B			Ala	16,17
	Manda	12 F B			Ala	16,17
	Emer	9 F B			Ala	
	Babe	7 F B			Ala	
	James	1 M B			Ala	
298	Hughes, Martin	27 M B	R.R. Laborer		Ala	
	Mary	30 F B			Ala	16,17
	(Living in house with Martin Reede, No. 297)					

POST OFFICE -- TRENTON

299	McBryer, Alfred	30 M W	Farm Laborer		Tn	
	Olley	29 F W	KH		Tn	
	William	14 M W			Tn	16,17
	John	12 M W			Tn	16,17
	Alpha	10 F W			Tn	16,17
	Martha	8 F W			Tn	
	Doctor	1 M W			Tn	
300	Berkett, Isaac	67 M W	Farm Laborer	/100	Tn	16,17
	Emaline	41 F W	KH		Tn	16,17
	Caroline	16 F W			Ga	17
	Amanda J.	14 F W			Ga	16,17
	William H.	12 M W			Ga	16,17
	James C.	10 M W			Ga	16,17
	Sarah A.	6 F W			Ga	
301	Berkett, Anderson	18 M W	Farm Laborer		Tn	16,17
	Mary J.	17 F W	KH		Pa	16,17
302	Willson, Moriah	59 F B	KH		Ga	16,17
	Calley	24 F B			Ga	16,17
	Jonson, Samuel	15 M B			Ga	16,17
303	Crockett, Albert	25 M B	R.R. Laborer		Ga	16,
	Mary	24 F M			Ga	16,17
	Pinckney	8 M B			Ga	
	Silvey	6 F B			Ga	
	Elijah	4 M B			Ga	
	Elias	4 M B			Ga	
	Ovy	5/12 M B			Ga	(Jan)
304	Reese, Charles W.	33 M W	R.R. Bookkeeper	/100	Germany	11,12
	Hattie	26 F W	KH		Ga	
	Robert F.	5 M W			Tn	11
	Katharinah	3 F W			Ga	11
	Sullinn, Fannie	43 F W	Widow		Tn	
305	Jacoway, John G.	51 M W	Lawyer	5,000/3,000	Ky	
	Elizabeth A.	39 F W	KH		Tn	
	Henry J.	18 M W	Farm Laborer		Ga	15
	Lucy J.	16 F W			Ga	
	John P.	14 M W			Ga	15
	Nancy C.	12 F W			Ga	15
	Theadocia C.	10 F W			Ga	15
	Roberts, William	19 M W	Farm Laborer		Ga	16,17
	Buckner, Elizabeth	50 F B			Tn	16,17
306	McBryer, Mary	35 F W	Widow KH		Tn	17
	Druciller	18 F W			Ga	15
	Emiriller	10 F W			Ga	15
	Ardiller	4 F W			Tn	

POST OFFICE -- TRENTON

307	Acuff, Robert W.	48 M W	Farmer	2,000/500	Tn		
	James R.	21 M W	Farm Laborer		Tn		
	John F.	14 M W			Tn		
	Dixon S.	12 M W			Tn	17	
	William B.	10 M W			Tn	16,17	
	Lemeul Mc.	4 M W			Ga		
	Robert P.	2 M W			Ga		
	Jones, Susan	34 F W			Ga		
	Newton	13 M W			Ga		
308	Morgan, John J.	47 M W	House Carpenter	/100	SC		
	Matilda A.	47 F W			Tn		
	Martha A.	18 F W			Ga		
	Rutha J.	14 F W			Ga	17	
	William S. B.	12 M W			Ga	16,17	
	George W.	10 M W			Ga	16,17	
	Hall, Caroline	24 F W			Ga		
309	Jenkins, James	24 M W	Farm Laborer		Ga	17	
	Permelia	23 F W	KH		Tn		
	William	2 M W			Ga		
310	Neal, Nicholas P.	48 M W	Tinner	800/100	Tn		
	Georgianna	36 F W	KH		Ala		
	William	20 M W	Apprentis in Tenn.		Tn		
	Elizabeth	14 F W			Tn	15	
	Caldona	12 F W			Tn	15	
	Anner	8 F W			Tn	15	
	Manna	6 F W			Ga		
	Adalian	4 F W			Ga		
	Ider	2 F W			Tn		
311	Netherly, William F.	35 M W	House Carpenter	150/450	Tn		
	Mary E.	25 F W	KH		Tn		
	Allis	1 F W			Ga		
	Bacon, Alexander	21 M W	Apprentiz		Ala		
312	Oliver, James	27 M W	R.R. Laborer		Tn		
	Nancy J.	28 F W	KH		Tn	16,17	
313	Atkins, Cornelia A.	43 F W	Widow KH	/100	NC		
	Mary	18 F W			Ga		
	Madison A.	17 M W			Ga		
	Augusta F.	13 F W			Ala	15	
	William H. L.	12 M W			Ga	15	
314	Howard, Alfred L.	27 M W	Merchant	125/7,400	Ala		
	Mary	28 F W	KH		Ga		
	Elizabeth	7 F W			Ala		
	John P.	1 M W			Ala		
	Woolbright, James T.	23 M W	Clerk in Store	700/100	Ga		

POST OFFICE -- TRENTON

315	Austin, Stephen B.	52 M W	Farmer	4,000/1,685	Ala	
	Mary A.	50 F W	KH		Tn	
	Sarah E.	18 F W			Ga	
	John B.	16 M W			Ga	15
	Ashbourn, Benjamin F.	20 M W	Farm Laborer		Ala	
	Isaac	15 M W			Ala	15
	William	13 M W			Ala	15
	Susa	10 F W			Ala	15
	Samuel	8 M W			Ala	15
316	Austin, Michael M.	21 M W	Farm Laborer	/200	Ga	
	Margaret	21 F W	KH		Ala	
317	Lee, Andrew	36 M W	House Carpenter	/100	SC	16,17
	Nancy	36 F W	KH		NC	16,17
	John W.	16 M W			Ga	15
	George A.	11 M W			Ga	15
	Columbus	9 M W			Ga	15
	William	5 M W			Ga	
	Thomas N.	2 M W			Tn	
318	Meadow, Martha	75 F W	Widow, Keeping Hotel	1,000/500	Va	
	Gardenhire, Matilda	50 F W	Asst. House Keeper		Tn	
	James M.	16 M W			Tn	15
	Martha T.	11 F W			Ga	15
	Silva	50 F B	Domestic Servant		Va	16,17
	Sarah	77 F M			Ala	16,17
	Jane	2 F M			Ga	
	Kate	6/12 F M			Ga	(Dec. 1869)
319	Bannon, Sarah	45 F W	Widow KH	/100	Va	
	George T. P.	18 M W	Day Laborer		Ga	15
	William H.	10 M W			Ga	15
	James T.	8 M W			Ga	15
	Calhoun, George	17 M W	Day Laborer		Pa	
320	Taylor, James C.	36 M W	Ordinary	/1,900	Tn	
	Martha J.	30 F W	KH		Tn	
	Neppie	8 F W			Ga	
	(Agt. for the Heirs of Drucilla Taylor, deceased)			4,000/500		
	Margaret	30 F W			Ga	16,17
	Elizabeth	26 F W			Ga	16,17
	Lucy	24 F W			Ga	16,17
	Canzada	21 F W			Ga	
321	Quinton, Henry	55 M W	Farmer	/200	Ky	
	Elizabeth	46 F W	KH		Ala	
	Thomas	19 M W			Ga	
	McKenzia	15 M W			Ga	15
	Eliza Jane	13 F W			Ga	16,17
	Luca E.	10 F W			Ga	16,17
	Mary	5 F W			Ga	

POST OFFICE -- TRENTON

#	Name	Age	Sex	Race	Occupation	Value	Birthplace	Notes
322	Case, Charles	35	M	W	House Carpenter	/200	Tn	
	Eliza	20	F	W	KH		Tn	
	William W.	12	M	W			Tn	15
	Charles A.	10	M	W			Tn	15
	Eldora	8	F	W			Tn	15
323	Pace, Jeremiah G.	40	M	W	Clerk, S.C.	1,000/500	NC	
	Susan V.	25	F	W	KH		Tn	
	Floence	3	F	W			Ga	
	Harriett M.	1	F	W			Ga	
	Tinker, Abriham	20	M	W	Farm Laborer		Ala	
324	Sharrock, George	30	M	W	Blacksmith	/150	Miss	
	Lilly	21	F	W			NC	
	Edger L.	8/12	M	W			Ga	(Oct. 1869)
	Harget, Jonson	80	M	W	Retired Laborer		NC	
	Mary	60	F	W			NC	
325	Morrison, Harriett	42	F	W	Widow KH	4,000/500	NC	
	William G.	17	M	W	Farm Laborer		Ga	
	Elizabeth K. D.	15	F	W			Ga	
	Pace, Nancy R.	50	F	W			NC	
326	Jones, John A.	21	M	W	R.R. Laborer		Tn	
	Loana	20	F	W	KH		Tn	
	Russel T.	2	M	W			Ga	
327	Green, James	25	M	W	R.R. Laborer		Tn	
	Nancy C.	20	F	W	KH		Tn	
328	Majers, Alexandra	71	M	W	Grocery Keeper, Retired		NC	
	Susan	27	F	W	KH		Ala	
	Carra	20	F	W			Ala	
	Benjamin	23	M	W	Farm Laborer		Ala	
329	Snider, Elias	42	M	W	Farm Laborer	/100	Pa	
	Sarah A.	37	F	W	KH		Tn	
	Samuel A.	14	M	W			Ky	17
	James F.	11	M	W			Ga	16,17
	John A. L.	9	M	W			Ga	
	Ider K.	3	F	W			Ga	
	Lucrica M.	3	F	W			Ga	
330	Smith, William	27	M	W	R.R. Laborer		Ga	
	Mary C.	26	F	W	KH		Tn	
	Susan J.	6	F	W			Tn	
	Emmy E.	4	F	W			Tn	
	Anna	1	F	W			Ga	
	Hill, Albert	21	M	W	Farm Laborer		Ga	
331	Grayham, Ezekiel D.	29	M	W	Lawyer	3,000/1,000	Ga	
	Lorra A.	23	F	W	KH		Tn	
	William M.	2	M	W			Ga	
	Louiza J.	1	F	W			Ga	
	Brandon, Elzy	35	F	W	House watir		Ala	

POST OFFICE -- TRENTON

332	Wilkinson, Benjamin M.	28 M W	Farmer	/700	Tn	
	Martha	23 F W	KH		Tn	
	Etta L.	3 F W			Ga	
	William G.	1 M W			Ga	
	Kemp, Tener	16 F B			Ga	16,17
333	Case, James	27 M W	Ret. Merchant	3,500/3,000	NC	
	Lewanza J.	22 F W	KH		Tn	
	John L.	2 M W			Ga	
	Babe	1 F W			Ga	
	Nancy J.	14 F W			Ga	
	Jesse L.	7 M W			Ga	
	David C.	21 M W	Farm Laborer		Ga	
	Berkhalter, John	26 M W	Clerk in Store		Ga	
334	Rogers, Ephraim T.	42 M W	Merchant, Dry Goods, Retired	1,500/3,200	Tn	
	Sally	40 F W	KH		Tn	
	Rebecca J.	13 F W			Ga	15
	Tanner, Mary	20 F B			Ga	16,17
	Hazelhurst, Peter	12 M B			Ga	16,17
335	Nicholas, McKinzie	37 M W	Farmer	1,600/800	Tn	
	Margaret J.	29 F W			Ga	
	Nancy E.	7 F W			Ga	
	Mary J.	5 F W			Ga	
	William S.	3 M W			Ga	
	Ann	21 F W			Ala	
	Lucus	10 M B			Ala	16,17
	Reavis, George	16 M W	Farm Laborer		Ga	
336	Groves, William	55 M W	Farm Laborer		Ohio	
	Nancy	47 F W	KH		Tn	
	Hussey, Mary	26 F W	Widow		Ga	
	James	6 M W			Ga	
337	Jenkins, William C.	53 M W	Shoe & Boot Maker	/100	Tn	16,17
	Elizabeth H.	37 M W	KH		Tn	
	Mary A.	20 F W			Ga	15
	Elizabeth	14 F W			Ga	15
	Lucinda A.	9 F W			Ga	
	Jula A.	8 F W			Ga	
	Ephraim	2 M W			Ga	
	Lutha C.	8/12 F W			Ga	(Sept. 1869
	Williams, John W.	11 M W			Tn	15
	Daniel, Jane	9 F W			Tn	
338	Haskell, Thomas J.	27 M W	R.R. Formon	/150	Tn	
	Ellin U.	22 F W	KH		Miss	
	Izibilla O.	8 F W			Miss	
	Florance C.	4 F W			Miss	

POST OFFICE -- TRENTON

#	Name	Age	Sex	Race	Occupation	Value	Birthplace	Notes
339	Anderson, Zedekiah	30	M	W	R.R. Laborer		NC	
	Martha	29	F	W	KH		NC	
	Sarah J.	8	F	W			Ga	
	James F.	4	M	W			Tn	
	Allice L.	3	F	W			Tn	
340	Blancherd, Thomas	37	M	W	Clerk in Dry Goods	2,000/500	Ohio	
	Mary E.	22	F	W	KH		Tn	
	Emer P.	1	F	W			Ga	
	Harris, Amanda P.	14	F	W			Tn	15
	Arron B.	9	M	W			Tn	15
341	Millington, Roger H.	41	M	W	Iron Master & Mach.	/200	Pa	
	Hellen L.	32	F	W	KH		Ga	
	Hiwassee	10	M	W			Tn	
	Arthur	8	M	W			Ala	
	Franklin	6	M	W			Ga	
	Ruth	3	F	W			Ga	
	Clabourn	2/12	M	W			Ga	(Mar)
342	Brock, William E.	37	M	W	Physician	6,000?1,500	Ga	
	Nancy M.	27	F	W	KH		Ga	
	James R.	9	M	W			Ga	15
	Benjamin F.	5	M	W			Ga	
	Earnest D.	3	M	W			Ga	
	Malda R.	1	F	W			Ga	
	McGee, Jesee	15	M	B	Domestic Servant		Ga	16,17
343	Brock, Benjamin	75	M	W	Farmer	6,000/4,000	NC	
	Josephine R.	23	F	W	Daughter, KH		Ga	
344	Tedwell, Frank	37	M	W	Farm Laborer		Ga	
	Lucy	35	F	W	KH		Ga	
345	Majers, Elisha	41	M	W	Hotel Keeper	2,000/500	Ala	
	Susannah	36	F	W	KH		Tn	
	Vallina	16	F	W			Ala	
	Thomas A. J.	8	M	W			Ala	
	Robert E. L.	3	M	W			Ga	
	Nicholas, Wade	26	M	W	Bar Keeper		Ala	
346	Curton, James W.	45	M	W	Machinest, Wool Carder	5,000/5,000	Tn	
	Nancy E.	40	F	W	KH		Tn	
	John A.	20	M	W	Apprintis		Ga	15
	George W.	18	M	W	Farm Laborer		Ga	15
	William C.	14	M	W			Ga	15
	Mary E.	12	F	W			Ga	15
	Sarah S.	7	F	W			Ga	
	Willson, John	16	M	B	Domestic Servant		Ala	16,17

POST OFFICE -- TRENTON

347	Long, John	42 M W	Farmer	2,500/400	Ga	
	Matilda	46 F W	KH		Tn	
	Asa	20 M W	Farm Laborer		Ga	15
	Dela	16 F W			Ga	15
	Matica	14 F W			Ga	15
	Parilee	12 F W			Ga	15
	Jirdia	10 F W			Ga	15
	John	8 M W			Ga	
	Bettie	6 F W			Ga	
348	Dean, James	38 M W	Miller	/400	Tn	
	Sarah	26 F W	KH		Ala	
	Milligan C.	10 M W			Ga	15
	William B.	4 M W			Ga	
	James	2 M W			Ga	
	Tinker, Malinda	11 F W			Ala	15
	Benjamin	10 M W			Ala	15
349	Smith, Alexandra H.	55 M W	House Carpenter	/450	Va	
	Nancy A.	45 F W	KH		Tn	
	Alexandra H.	15 M W			Ga	15
	Irina A.	13 F W			Ga	15
	Horras W.	11 M W			Ga	15
	Virginia	8 F W			Ga	
	Mary E.	6 F W			Ga	
	John F.	2 M W			Ga	
350	Ross, William A.	50 M W	Farmer	/400	Tn	
	Mary R.	42 F W	KH		Tn	
	John M.	20 M W	Farm Laborer		Ga	15
	Louis C.	12 M W			Ga	15
	Daniel W.	10 M W			Ga	15
	Larrna J.	7 F W			Ga	
351	Green, James	25 M W	R.R. Laborer		Tn	
	Nancy C.	20 F W	KH		Tn	
352	Smith, James C.	27 M W	Merchant in Dry Goods	/1,000	Tn	
	Frances	21 F W	KH		Ga	
	Robert A.	3 M W			Ga	
	Mary E.	6/12 F W			Ga (Dec. 1869)	
353	Pangle, Andrew L.	33 M W	Farm Laborer	/100	Tn	
	Mary E.	28 F W	KH		Tn	17
	William C.	11 M W			Tn	17
	Eli S.	8 M W			Tn	
	Safroney A.	4 F W			Tn	
	James W.	4 M W			Tn	
354	Jones, John A.	21 M W	R.R. Laborer		Tn	
	Leoma	20 F W	KH		Tn	
	Russell T.	2 M W			Ga	

POST OFFICE -- TRENTON

355	Pangle, James	52 M W	Farm Laborer	/550	Tn	
	Catharine	22 F W	Daughter, KH		Tn	17
356	Pangle, Andrew	26 M W	Farm Laborer		Tn	
	Mary M.	19 F W	KH		Ga	
	Nancy A.	2 F W			Ga	
	Thomas A.	1 M W			Ga	
357	Milligan, Andrew	55 M W	Farm Laborer	/100	Ga	
	Letty	84 F W	Widow, KH		Ga	
	Lutisha	30 F W	Domestic Laborer		Ga	17
	Rebecca E.	20 F W			Ga	17
358	Milligan, Charles	42 M W	Farm Laborer	/350	Ga	
	Martha J.	25 F W	KH		Ga	
	Sarah L.	4/12 F W			Ga	(Jan)
359	Alison, Hugh H.L.W.	48 M W	Farmer	1,800/8,000	Tn	
	Mary A.	38 F W			Tn	
	William L.	20 M W	Farm Laborer		Ga	15
	Nancy A.	15 F W			Ga	15
	John S.	14 M W			Ga	15
	Sarah E.	12 F W			Ga	15
	Hugh K.	10 M W			Ga	15
	James R.	7 M W			Ga	
	Michel N.	5 M W			Ga	
	Ephraim M.	2 M W			Ga	
	Mary R.	3/12 F W			Ga	(Mar)
	Buckner, Sidnia	58 F W	Widow		NC	
360	Sitton, Jacob	64 M W	Farmer	6,000/400	Tn	
	Ann	66 F W	KH		SC	
361	Castleberry, Mark	72 M W	Farm Laborer	/125	SC	
	Margaret	26 F W	Daughter, KH		Ga	
	Faith	5 F W			Ga	
362	Castleberry, Francis M.	32 M W	Farmer	500/100	Ga	
	Catharine	32 F W	KH		Ga	
	Richard	9 M W			Ga	
	John	7 M W			Ga	
	Ira	4 M W			Ga	
363	Long, Benjamin W.	51 M W	Farm Laborer	/250	Ala	
	Milly M.	38 F W	KH		Ga	
	Wallis, Mary A.	12 F W			Ala	16,17

POST OFFICE -- TRENTON

364	Haney, Jefferson	50 M W	Farm Laborer	/250	Ala	16,17
	Sarah	40 F W	KH		Ala	16,17
	Andrew	20 M W	Farm Laborer		Ga	17
	William	18 M W	Farm Laborer		Ga	17
	Mary	16 F W			Ga	17
	Manda	14 F W			Ga	16,17
	Nancy	12 F W			Ga	16,17
	Margaret	10 F W			Ga	16,17
	Sarah	8 F W			Ga	
	Mincher, Nancy	75 F W	Widow		NC	
365	Lively, Bevily	33 M W	Farm Laborer		Tn	16,17
	Rebecca R. V.	25 F W	KH		Tn	17
	Jesse	10 M W			Tn	16,17
	Prudence	8 F W			Ga	
	Lorra	5 F W			Ga	
	Leatha	1 F W			Ga	
366	Tinker, William	39 M W	Farm Laborer	/150	Tn	
	Martha J.	32 F W	KH		Tn	
	John M.	6 M W			Ga	
	Louiza J.	3 F W			Ga	
367	Sitten, George W.	36 M W	Miller	/365	NC	
	Prisillia	30 F W	KH		Tn	
	Melvin B.	11 M W			Ga	15
	Savannah E.	9 F W			Ga	
	Dorah L. O.	7 F W			Ga	
	James A.	5 M W			Tn	
	Zaney	2 F W			Ga	
368	McBreyer, William	65 M W	Farm Laborer	/100	NC	
	Sarah	45 F W	KH		NC	
	Robert	18 M W	Farm Laborer		Ga	17
	Lucy	16 F W			Ga	17
	Josephine	14 F W			Ga	17
	Olly	11 F W			Ga	16,17
	Ibby	11 F W			Ga	16,17
	Mary A.	5 F W			Ga	
	Comadore	2 M W			Ga	
369	Castleberry, Uriah	44 M W	R.R. Laborer		Ga	
	Susa Ann	38 F W	KH		Tn	
	Mary A.	18 F W			Ga	17
	Margaret M.	16 F W			Ga	16,17
	William M.	14 M W			Ga	16,17
	John R.	13 M W			Ga	16,17
	Mark O.	12 M W			Ga	16,17
	George W.	10 M W			Ga	16,17
	Calven C.	8 M W			Ga	
	Malicca	6 F W			Ga	
	Uriah	4 M W			Ga	
	Moses	3 M W			Ga	

POST OFFICE -- TRENTON

370	Haney, Jourden	19 M W	Farm Laborer		Ga	16,17
	Mary	21 F W	KH		Ala	
	Parilee	25 F W			Ala	16,17
	Charlotte	16 F W			Ala	16,17
371	Crage, Eli	46 M W	Farmer	300/200	Tn	
	Juda	46 F W	KH		Ga	
	Davis, Sarah L.	24 F W			Ga	
	Sopha L.	3 F W			Ga	
372	Crage, James	65 M W	Farmer	100/50	Tn	
	Anna	65 F W	KH		Tn	
373	Guess, Nathan	24 M W	Farm Laborer		Ga	16,17
	Matiscia	24 F W	KH		Ga	
	Harriett	4 F W			Ga	
	Fanny	2 F W			Ga	
374	Moore, William	23 M W	Farm Laborer		Ala	
	Nancy A.	23 F W	KH		Ga	
375	Wood, Lucinda	60 F W	Widow KH		Tn	
	Aldia J.	21 F W			Ga	16,17
	Stewart, Franklin	7 M W			Ga	
376	Craig, Isaac	33 M W	Farm Laborer	/200	Tn	
	Nancy	33 F W	KH		Tn	
377	Taylor, Clement C. R.	35 M W	Ret. Merchant	2,200/6,000	Tn	
	Emma	35 F W	KH		Ala	
	William R.	12 M W			Ala	15
378	Padget, Theophilus	25 M W	Min. of the Gospel	/100	Ga	
	Nancy A.	24 F W	KH		Tn	
379	Wilkinson, John B.	64 M W	Farmer	9,000/3,930	Ky	
	Malinda	42 F W	KH		Ky	
	Lewis M.	28 M W	Farm Laborer		Tn Deaf & Dumb	
	Hetha A.	20 F W			Tn	
	John B.	36 M W	Farm Laborer		Tn	
380	Oneal, Zecheriah	69 M W	Farmer	400/150	SC	
	Catharine	58 F W	KH		SC	
	Permelia J.	19 F W			Ga	15
	Abraham	13 M W			Ga	
	Gifferd, Elizabeth C.	26 F W			Ga	
381	Oneal, James	28 M W	Farm Laborer		Ga	
	Vilet	17 F W			Tn	
	Wiley A. L.	2/12 M W			Ga	(Feb)

(In same home with Z. Oneal, No. 380)

POST OFFICE -- TRENTON

382	Oneal, John W.	35 M W	Farmer	400/300	Ga	
	Nancy J.	34 F W	KH		Tn	
	William T.	11 M W			Ga	15
	John M.	8 M W			Ga	
	Walton L.	4 M W			Ga	
383	Kizzort, John	23 M W	Farm Laborer		Ga	(m. Aug. 1869
	Sela A.	15 F W	KH		Ga	"
384	Gill, Thomas	50 M B	R.R. Laborer		Va	16,17
	Caroline	50 F B	KH		Va	16,17
	Lucy	20 F B	Domestic Laborer		Ga	16,17
	Thomas	17 M B	Farm Laborer		Ga	17
	Harriet	16 F B			Ga	16,17
	Jesse	15 M B			Ga	16,17
	Robert	13 M B			Ga	16,17
	Franklin	9 M B			Ga	
	Ransom	7 M B			Ga	
	Milly	3 F B			Ga	
	Samuel	1 M B			Ga	
	John	2 M B			Ga	
	Keath, Harriett	15 F B			Ga	16,17
385	Thompson, David, Sr.	52 M W	Retired Blacksmith	/100	NC	
	Anna J.	51 F W			Tn	
	Mercida	24 F W			Tn	17
	Margaret M.	22 F W			Tn	17
	Milrina C.	20 F W			Tn	17
	Mary A.	18 F W			Tn	17
386	Rogers, Dossey (?)	24 M W	Farm Laborer		Ga	
	Mary A.	24 F W	KH		Ga	
	William	10 M W			Ga	
	Luke	8 M W			Ga	
	Lorra	4 F W			Ga	
	Ephraim	2 M W			Ga	
387	Stephins, Shadrack	50 M W	Farmer	800/225	Tn	
	Manirva	45 F W	KH		Tn	16,17
	Margaret	15 F W			Ga	15
	Rebecca	13 F W			Ga	15
388	Daniel, Chester	32 M W	Farm Laborer	/250	Ga	
	Mary	26 F W	KH		Ark	
	John L.R.	1 M W			Ga	
	Kelly, Lener	17 M B	Farm Laborer		Tn	16,17
389	Daniel, James	23 M W	Farm Laborer	/300	Ga	
	Ann	26 F W	KH		Ga	
	Hazelhurst, Dener	22 F B	Domestic Laborer		Ga	
	Primos	2 M B			Ga	

POST OFFICE -- TRENTON

390	Stephens, Calden	29 M W	Farm Laborer		Ga	
	Sarah	18 F W	KH		Ga	
	Charles	1 M W			Ga	
391	Cuzzort, David	65 M W	Farm Laborer	/100	Ky	
	Eliza	44 F W	KH		Tn	
	Evaline	18 F W			Ala	16,17
	George W.	15 M W			Ala	16,17
	Easter	14 F W			Ala	16,17
	Malinda	12 F W			Ala	16,17
	Patey	10 F W			Ala	16,17
	Rebecca	8 F W			Ala	
	Eliza	6 F W			Ala	
	David	5 M W			Ga	
	Margaret	1 F W			Ga	
392	Page, John	21 M W	Farm Laborer		Tn	
	Luscy J.	19 F W	KH		Tn	
393	Brown, James W.	34 M W	Farm Laborer	/276	Ill	
	Margaret	43 F W	KH		Ala	
	Andrew	14 M W			Ga	15
	Mary A.	12 F W			Ga	15
	Nancy J.	10 F W			Ga	15
	Sarah E.	7 F W			Ga	
	Judia	4 F W			Ga	
	Enoch B.	2 M W			Ga	
394	Brown, Andrew	46 M W	Farmer	6,000/1,075	Tn	
	Martha J.	40 F W	KH		Tn	
	Mary	69 F W	Widow		NC	
	James	18 M W	Farm Laborer		NC	16,17
395	Forester, Edward	35 M W	Farmer	2,000/700	Tn	
	Sarah E.	32 F W	KH		Tn	
	Larkin	8 M W			Ga	
	George S.	6 M W			Ga	
	Judia C.	4 F W			Ga	
	James H.	1 M W			Ga	
396	Forester, Hevalow (?)	32 M W	Farmer	200/180	Tn	
	Frances	30 F W	KH		Tn	
	Tennessee	6 F W			Ky	
	Lorrah	4 F W			Ill	
397	Stewart, John J.	63 M W	Farm Laborer	/550	Tn	
	Mary A.	57 F W	KH		Tn	
	Alexandra H.	29 M W	Farm Laborer		Ga	
	Sarah A.	25 F W			Ga	
	Joseph V.	21 M W	Farm Laborer		Ga	
	Virginia E.	15 F W			Ga	
	Malinda	10 F M			Ga	16,17
	Andrew	8 M M			Ga	
	Hazelhurst, Hariett	50 F B			Ga	16,17

POST OFFICE -- TRENTON

398	Tatum, Pearce A.	46 M W	Farmer	7,500/2,070	NC	
	Elizabeth	40 F W	KH		Tn	
	Robert P.	19 M W	Teaching School		Ga	
	Charkey (?) M.	15 F W			Ga	15
	Charles C.	14 M W			Ga	15
	Edward L.	12 M W			Ga	15
	Mary A.	9 F W			Ga	15
	Zebedu G.	6 M W			Ga	
	Joshua M.	4 M W			Ga	
	Elizabeth	2 F W			Ga	
	Mangum, Hope J.	21 M W	Farm Laborer		Ga	
399	Tatum, Ellen	42 F W	Widow, KH	600/333	Ala	
	Mary J.	16 F W			Ala	
400	Tinker, Abraham	62 M W	Farmer	2,500/850	Tn	
	Sarah	57 F W	KH		Ky	
	Elizabeth	30 F W			Ala	
	Cricy	25 F W			Ala	
	Manda	23 F W			Ala	
	Jacob	17 M W	Farm Laborer		Ga	15
	Paralee	13 F W			Ga	
401	Prickett, Silos	49 M W	Farmer	3,000/900	Ga	
	Caroline	43 F W	KH		Ga	
	Valmiter	20 M W	Farm Laborer		Ga	
	Morrin R.	17 M W	Farm Laborer		Ga	15
	Georgia M.	13 F W			Ga	15
	Richard I.	10 M W			Ala	15
	Charles McG.	7 M W			Ga	
	Shelton A.	5 M W			Ga	
	Allis S.	1 F W			Ga	
402	Guess, George	25 M W	Farm Laborer	/250	Ga	
	Parizada	26 F W	KH		Ala	
	Joseph	3 M W			Ga	
	Rhodophus	2 M W				
403	Tinker, Smith	36 M W	Farmer	200/350	Tn	
	Emaline	30 F W	KH		Tn	
	William N. M.	4 M W			Ga	
	James L.	2 M W			Ga	
	Alford A.	4/12 M W			Ga	(Feb)
	Stewart, Mary	30 F W	Widow		Ga	
404	Payn_, Benjamin	23 M W	Farmer	1,000/250	Tn	
	Martha M.	25 F W	KH		Ga	
	Silas L.	1/12 M W			Ga	(May)
	Buckner, Garrett	5 M W			Ga	

POST OFFICE -- TRENTON

405	Cartwite, Oliver	54 M W	Farm Laborer	/600	Tn	
	Mary	59 F W	KH		Tn	
	Nancy A.	27 F W			Tn	
	Judah	23 F W			Tn	
	Louiza J.	21 F W			Tn	17
	Amanda	19 F W			Tn	17
	Leroy T.	17 M W	At home		Tn	15
406	Wakefield, Silos	63 M W	Farmer	3,000/630	Tn	
	Sarah A.	35 F W	KH		Tn	
	Elisha T.	15 M W	At home		Ga	15
	Newton W.	15 M W			Ga	15
	Mary J.	12 F W			Ga	15
	Jefferson D.	8 M W			Ga	
	Luler B.	2 F W			Ga	
	Corin L.	7/12 F W			Ga	(Oct. 1869)
407	Wakefield, Andrew	18 M W	Farm Laborer	/100	Ga	
	Amanda	22 F W	KH		Ga	
408	Payn_, Larkin	53 M W	Farmer	20,000/750	Tn	
	Jane	51 F W	KH		Tn	
	Leroy H.	21 M W	At home		Tn	
	Matilda S.	19 F W			Ga	
	Nancy	17 F W			Ga	
	Mattie	12 F W			Ga	
	Lee, Jacob	20 M W	Farm Laborer	/100	Tn	16,17
409	Mayo, David	69 M W	Farm Laborer	/100	Tn	
	Elmira	59 F W	KH		Tn	
	Mary	23 F W			Tn	
	Charles	20 M W	At home		Tn	
	Margaret	16 F W			Tn	
410	Perkins, John B.	44 M W	Farmer	4,000/800	Tn	
	Martha J.	37 F W	KH		Tn	
	West, Sarah	18 F W			Ala	
411	Gifford, William	63 M W	Farm Laborer	/100	Tn	
	Elizabeth	43 F W	KH		Tn	
	John	17 M W	At home		Ga	17
	George	14 M W	At home		Ga	16,17
	Ephraim	13 M W			Ga	16,17
	Parilee	13 F W			Ga	16,17
	Malinda J.	10 F W			Ga	16,17
	William	4 M W			Ga	
	Babe	11/12 M W			Ga	(July 1869)
412	Baker, Henry	39 M W	R.R. Bookeeper	/100	Miss	
	Thursa	24 F W	KH		Tn	
	Nina	7 F W			Ala	
	Madison	4 M W			Fla	
	William N.	1 M W			Ga	

POST OFFICE -- TRENTON

413	Ross, Marion	21 M W	Farm Laborer	/100	Ga	(m. Dec. 1869)	
	Ellen	18 F W	KH		Ga	"	
414	Long, Presley C.	45 M W	Farm Laborer	/150	Ala		
	Alvin W.	41 F W	KH		Tn		
	John A.	17 M W	Farm Laborer		Ga	17	
	Lavina J.	12 F W			Ga	17	
	James	9 M W			Ga		
415	Castleberry, Hiram	45 M W	Farm Laborer	/100	Ga		
	Mary	30 F W	KH		Tn		
	Francis M.	12 M W			Ga		
	William	8 M W			Ga		
	Uriah	6 M W			Ga		
	Sarah J.	4 F W			Ga		
	James	2 M W			Ga		
	Martha A.	1/12 F W			Ga	(May)	
416	Guess, Frederick	36 M W	Farmer	150/300	Tn		
	Tennessee	33 F W	KH		Tn		
	James M.	13 M W			Ga	15	
	Elizabeth	11 F W			Ga	15	
	Tennessee M. A.	7 F W			Ga		
	Clementin S.	4 F W			Ga		
	Joseph E.	2 M W			Ga		
	Sarah L.	5/12 F W			Ga	(Jan.)	
417	Guess, John	38 M W	Farmer	100/250	Tn		
	Nancy	30 F W	KH		Tn		
	John	13 M W			Tn	15	
	Margaret	11 F W			Tn	15	
	Molly A.	8 F W			Tn		
	Manda	5 F W			Tn		
	Martha	1 F W			Tn		
418	Reaves, Elizabeth	50 F W	Widow, KH		Tn		
	Catharine	23 F W			Ga	17	
	Polk	21 M W	Farm Laborer		Ga	17	
	Harriett	19 F W			Ga	17	
	Elizabeth	17 F W			Ga	17	
419	Guess, Milton	58 M W	Farmer	600/635	Tn		
	Malinda	61 F W	KH		Tn		
	Charles	18 M W	At home		Ga	15	
	Mary J.	16 F W			Ga	15	
420	Page, Edward	45 M W	Farmer	300/270	Ga		
	Nelley	45 F W	KH		Ga		
	Jane	19 F W			Ga	15	
	Elizabeth	16 F W			Ga	15	
	William	13 M W			Ga	15	
	Sarah	9 F W			Ga		
	Ephraim	3 M W			Ga		

POST OFFICE -- TRENTON

421	Wegley, John	72 M W	Farmer	300/75	Ga	
	Olley	40 F W	KH		Tn	
422	Guess, William	25 M W	Farm Laborer	/200	Ga	
	Nancy J.	20 F W	KH		Ga	
	Thomas M.	6/12 M W			Ga	(Dec. 1869)
423	Lively, Gillum	77 M W	Farm Laborer	/100	Ga	
	Jane	62 F W			SC	
	Elizabeth	21 FW			Tn	16,17
	William	20 M W	Farm Laborer		Tn	16,17
424	Boyd, Lucinda	30 F W	Widow		Tn	
	Caty	13 F W			Tn	16,17
	Jane	10 F W			Tn	16,17
	Calvin	3 M W			Tn	
425	Stephens, William	32 M W	Farm Laborer	/226	Ga	
	Matilda J.	27 F W	KH		Tn	
	George F.	12 M W			Ga	16,17
	Manirva E.	11 F W			Ga	16,17
	Margaret J.	8 F W			Ga	
	Robert L.	5 M W			Ga	
	Lorra A.	3 F W			Ga	
	Bird	11/12 M W			Ga	(July 1869)
426	Sundulin, William	54 M W	Cooper		Md	
	Nancy	34 F W	KH		Ga	
	Ann E.	11 F W			Ga	16,17
	Mary	6 F W			Ga	
	Martha	4 F W			Ga	
	Carroll	1 M W			Ga	
427	Carney, Elizabeth	70 F W	Widow, KH		NC	
	Manda	31 F W	At home		NC	
428	Boston, Jahugh T.	58 M W	Farmer	500/550	SC	
	Clementine S.	32 F W	KH		SC	
	Martha A.	31 F W			Ga	
	William J.	22 M W	R.R. Laborer		Ga	
	Nancy W. C.	15 F W			Ga	
429	Mason, Izabeller J.	28 F W	Widow		Ga	
	Susan F.	7 F W			Ga	
430	Rennow, Martin	35 M W	Farmer	250/200	Tn	
	Jane	33 F W	KH		Tn	
	Lorra M.	14 F W			Ga	15
	Sarah	13 F W			Ga	15
	George	11 M W			Ga	15
	Andrew J.	10 M W			Ga	15
	Mary G.	8 F W			Ga	

POST OFFICE -- TRENTON

431	Prince, John	70 M W	Retired Laborer		Tn	Blind
	Malinda	33 F W	KH		Tn	
432	Prince, Jackson	35 M W	Farm Laborer	/100	Tn	
	Emily	35 F W	KH		Tn	
	Franklin	13 M W			Ga	15
	David	11 M W			Ga	15
	Martha	10 F W				
433	Basham, Martin	40 M W	Farm Laborer	/100	Tn	
	Julia	35 F W	KH		Tn	
	Elizabeth	16 F W			Ga	17
	McDaniel	15 M W	Farm Laborer		Ga	17
	Henegar	13 M W			Ga	17
	Akan	10 M W			Ga	17
434	Sanders, Granvil A.	27 M W	Enginar Locomaker	/100	Tn	
	Rebecca A.	26 F W	KH		Ga	
	Martha E.	8 F W			Ga	
	Idum R.	5 F W			Indianna	
	Murpha, Misouna	20 F W	Widow, KH		Ga	
435	Newmon, Shadrack	65 M W	Farm Laborer		Ga	
	Mary	50 F W	KH		Ga	
436	Prince, Green	57 M W	Farm Laborer	/180	SC	
	Susannah	53 F W	KH		Tn	
	James	16 M W			Ala	16,17
	Jasinney	13 F W			Ala	16,17
	Yeargin, Elizabeth	3 F W			Ala	
437	Prince, Samuel	25 M W	Farmer	100/250	Tn	
	Louiza	27 F W	KH		Tn	
	William A.	3 M W			Ga	
	Olley E.	10/12 F W			Ga	(Aug. 1869)
438	Hatcher, Henry	29 M W	R.R. Laborer		Ala	
	Elizabeth	36 F W	KH		Ga	
	Matisa A.	4 F W			Ga	
	Lafayette	1 M W			Ga	
	Gravitt, Malinda	21 F W	Without occupation		Ga	16,17
439	Ester, Robert	38 M W	Minor in Coal	/150	Tn	
	Kizziah	30 F W	KH		Ala	
	George	15 M W			Ga	15
	Mary	14 F W			Ga	15
	Archiband	8 M W			Ga	
440	Prince, William	22 M W	Farm Laborer	/150	Ga	
	Martha	22 F W	KH		Ga	
	Charles T.	6/12 M W			Ga	(Nov. 1869

POST OFFICE -- TRENTON

441	Keeling, James	44 M W	Farm Laborer		SC	
	Caroline	28 F W	KH		Ga	
	Judson	17 M W	Farm Laborer		Ga	
	Elizabeth	14 F W			Ga	
442	Parker, Malison	45 M W	Farm Laborer	/125	Tn	
	Martha	27 F W	KH		Tn	
	Eliza J.	3 F W			Tn	
	Isaac	6/12 M W			Ga	(Dec. 1869)
	Jesse	6/12 M W			Ga	(Dec. 1869)
443	Brown, Smithy	70 F W	Widow KH	/100	SC	
	William	18 M W	Out of employment		Ga	16,17
444	McColley, Thomas	25 M W	Farm Laborer	/150	Ga	
	Mary	25 F W	KH		Ga	
	William	9 M W			Ga	
	Samuel	1 M W			Ga	

445-464 It was noted with these dwellings that Cole (sic) Bank was not in operation at this time. The Gordon Cole Bank on Sand Mountain.

445	Webb, Wiley	78 M W	Farmer	2,000/200	Tn	
	Mary	40 F W	KH		Tn	
	Orrey	12 F W			Tn	17
	Rachel	10 F W			Ga	16,17
	Harry	6 M W			Ga	
	Henderson, John	17 M W	Farm Laborer		Tn	16,17
	James	15 M W	Farm Laborer		Tn	16,17
446	Williams, Isaac H.	66 M W	Retired Carpenter	300/200	NC	
	James H.	21 M W	House Carpenter		Tn	
447	Pendley, Jonathan	38 M W	R.R. Laborer	/200	Ga	
	Mary	42 F W	KH		Ga	
	George	8 M W			Ga	
	Sarah	7 F W			Ga	
	Elizabeth	5 F W			Ga	
	Martha	2 F W			Ga	
448	Scalf, William L.	41 M W	Farm Laborer	/450	Ga	
	Mary	34 F W	KH		Ga	
	William E.	15 M W	Farm Laborer		Ga	15
	Frances E.	13 F W			Ga	15
	John C.	9 M W			Ga	
	Lucius D.	6 M W			Ga	
	Martin W.	5 M W			Ga	
	Albert P.	2 M W			Ga	
	Susanner	5/12 F W			Ga	(Jan)
	Susannr	79 F W	Widow		SC	
449	Scalf, Martin	64 M W		500/250	SC	Blind

POST OFFICE -- TRENTON

450	Bush, William	25 M W	Farm Laborer		Ky	
	Dicy	16 F W			Ga	
	John L.	1 M W			Ga	
	Larny, Nancy F.	49 F W	Widow		Ga	
451	Obryan, Patrick	45 M W	Cole Mining Foreman	/300	Ireland	11,12
	Mary	32 F W	KH		Ireland	11,12
	Margaret A.	14 F W			NY	11,12,15
	John	12 M W			Ga	11,12,15
	Mary E.	10 F W			Ga	11,12,17
	William	8 M W			Ga	11,12
	Ann	3 F W			Ga	11,12
452	Presley, John W.	51 M W	Farm Laborer		SC	
	Nancy A.	41 F W			Tn	
	Mary E.	18 F W			Tn	
	Gennette V.	12 F W			Ga	
	Henry A.	6 M W			Tn	
	William A.	3 M W			Ga	
	Martha R.	4/12 F W			Ala	(Feb.)
453	Forgerson, Josephine	32 F W	Widow, KH		Ga	
	Mary	15 F W			Ga	17
	Sarah I.	13 F W			Ga	17
	William B.	4 M W				
454	Torbit, Meed	35 M W	Farm Laborer		Tn	
	Elizabeth	25 F W	KH		Tn	
	Deliley	1 F W			Ga	
	Rebecca	3/12 F W			Ga	(Mar.)
455	Parker, Eliza J.	25 F W	Widow, KH		Tn	
	Tennessee	12 F W			Tn	
456	Porter, Manda	25 F W	Widow, KH		Tn	
457	Pebron, Jacob	45 M W	Farm Laborer		Tn	
	Evaline	35 F W	KH		Ga	
	Mary P.	10/12 F W			Ga	(Aug. 1869)
458	Hammond, John H.	50 M W	R. R. Laborer		Ga	
	Lucy	45 F W	KH		Ga	
	John A.	9 M W			Ga	
459	Pebern, John	39 M W	Farm Laborer	/100	Tn	
	Mary	33 F W	KH		Ga	
	Sarah M.	13 F W			Ala	15
	Thomas L.	11 M W			Ala	15
	Mary A.	9 F W			Ala	
	William	7 M W			Ala	
	John	5 M W			Ala	
	Martha M.	1 F W			Ga	

POST OFFICE -- TRENTON

460	Thomas, Daniel	64 M W	Farm Laborer	/300	SC	
	Eliza	54 F W	KH		SC	
	Aaron	23 M W	Farm Laborer		Ga	17
	Manda	21 F W			Ga	16,17
	George A.	18 M W	Farm Laborer		Ga	16,17
	Catharine	15 F W			Ga	16,17
	Tilmon C.	13 M W			Ga	16,17
	Williams, Martha E.	2 F W			Ga	
461	Collins, Calvin	35 M B	Farm Laborer		Ga	
	Columbus	14 M B	Farm Laborer		Ga	
462	Young, Stephen M.	35 M W	Farmer	1,000/900	Ill	
	Sarah	33 F W	KH		Ill	
	Lemons, Leroy	10 M W			Tn	17
463	Hambrick, John	21 M W	Farm Laborer		Ga	
	Mary L.	18 F W	KH		Ga	
464	Strong, Riue	35 M B	Farm Laborer		Tn	
	Viey	35 F B	KH		Tn	
465	Jones, Smith	50 M W	Farmer	500/200	Ga	
	Ann	45 F W	KH		Ga	
	George	21 M W	Farm Laborer		Ga	
	Jane	18 F W			Ga	
	Ann	16 F W			Ga	17
	John	14 M W			Ga	17
	Ellen	12 F W			Ga	16,17
	Rachel	10 F W			Ga	16,17
	William	5 M W			Ga	
	James	3 M W			Ga	
466	Murphey, Elizabeth	57 F W	Widow KH	1,000/250	Tn	
	Elijah C.	23 M W	Farm Laborer		Ga	
	John P.	21 M W	Farm Laborer		Ga	
	Claton Q.	19 M W	Farm Laborer		Ga	
	Nancy A.	17 F W			Ga	
	Hale, Ann	78 F W	Widow		Va	
467	Murphey, William L.	42 M W	Minister of the Gospel	2,000/500	Ga	
	Sarah A.	50 F W	KH		Ga	
	Julia E.	14 F W			Ga	15
	Joseph M.	12 M W			Ga	15
	John B.	8 M W			Ga	
	Parker, George W.	17 M W	Farm Laborer		Ga	17
468	Deal, Isaac	50 M W	Farmer	300/150	Tn	
	Mary	50 F W	KH		Tn	
	Pruda E.	19 F W			Ga	
	Henry	17 M W	Farm Laborer		Ga	
	Plesent	15 M W	Farm Laborer		Ga	16,17
	William	11 M W			Ga	16,17
	Mary	9 F W			Ga	

POST OFFICE -- TRENTON

469	Ester, Hannah E.	31 F W	Widow, KH	/250	Ga	
	Caroline	11 F W			Ga	15
	Naoma E.	9 F W			Ga	
	Virginia A. L.	7 F W			Ga	
470	Read, Lewis	50 M B	Farmer	500/100	Ga	17
	Mary	30 F B	KH		Ga	17
	Cuby	12 M B			Ga	16,17
	Mary	10 F B			Ga	16,17
	Martha	8 F B			Ga	
	Sarah	3 F B			Ga	
471	Read, Jackson	35 M W	Farm Laborer	/100	Ga	
	Sarah	30 F W	KH		Ga	
	Sintha	3 F W			Ga	
	Louiza	1 F W			Ga	
472	Blakeley, Enoch	60 M W	Farm Laborer		NC	
	Nancy	43 F W			Tn	
473	Lodemy, Adam	55 M W	Miner in Coal		Germany	11,12
	Caroline	45 F W	KH		SC	
	Susan	17 F W			Ga	11,16
	Louiza	14 F W			Ga	11,16
	John	7 M W			Ga	11
	William	3 M W			Ga	11
	Mary	1 F W			Ga	11
474	Keneday, David	24 M W	Farm Laborer	/125	Ga	
	Evaline	26 F W	KH		Tn	
	John	1 M W			Ga	
475	Keneday, Thomas	40 M W	Farmer	100/50	Ga	
	Mary	39 F W	KH		Tn	
	Mary E.	17 F W			Ga	16,17
	Decy Ann	15 F W			Ga	16,17
	Hugh	12 M W			Ga	16,17
	Ambirs	8 M W			Ga	
	Sarah	6 F W			Ga	
	John	11/12 M W			Ga (July 1869)	
476	Hale, Shadrack C.	53 M W	Farmer	1,200/1,000	Tn	
	Judia L.	22 F W	KH		Ga	
	Barbary A.	19 F W			Ga	
	Franklin P.	16 M W			Ga	15
477	Keneday, James	50 M W	Farmer	500/100	Ga	
	Rosey	49 F W			Tn	
	Luraney	24 F W			Ga	15,16,1
	Elgitha	19 F W				16,17
	Thomas	14 M W				16,17
	Duglas	11 M W				16,17
	John	2 M W				

POST OFFICE -- TRENTON

478	Keneday, Ellis	47 M W	Farmer	500/175	Ga	
	Margaret	28 F W	KH		Ga	
	Jane	16 F W			Ga	16,17
	Thomas	14 M W	Farm Laborer		Ga	16,17
	Dicy	12 F W			Ga	16,17
	Sarah	10 F W			Ga	16,17
	Frances	6 F W			Ga	
	Nancy	4/12 F W			Ga	(Feb.)
479	Richman, James	82 M W	Retired Cooper	150/100	Tn	
	Elizabeth	72 F W	KH		Tn	
	Robert	37 M W	Farm Laborer		Tn	
	Catharine	12 F W			Ga	16,17
480	Tuttle, David	40 M W	Farm Laborer	/100	Tn	
	Susan	35 F W	KH		Ga	
	Dedamey	18 F W			Ga	
	Mary	7 F W			Ga	
	David M.	4 M W			Ga	
	Scarmoore	1 M W			Ga	
481	Bryant, John	50 M W	Farmer	900/250	Tn	
482	Sutten, Allen	35 M B	Farm Laborer	/100	Tn	16,17
	Sealey	65 F B	KH		Tn	16,17
483	Low, Malinda	51 F W	Widow KH	/390	Tn	
	William	21 M W	Farm Laborer		Ga	
	Sarah	15 F W			Missouria	
484	Maxwel, Moses	36 M W	Blacksmith	200/150	Tn	
	Frances E.	30 F W	KH		Ga	
	George D.	14 M W			Ga	17
	John C.	12 M W			Ga	17
	Jefferson D.	9 M W			Ga	
	William W.	4 M W			Ga	
485	Horton, Noah	27 M B	R.R. Section Laborer		Ala	17
	John	21 M B	R.R. Section Laborer		Ala	17
	Lankford, Gabril	30 M B	R.R. Section Laborer		Ala	17
486	Brown, Joseph	27 M W	Farm Laborer		Ga	
	Sarah	26 F W	KH		Ga	
	Street, Elizabeth	68 F W	Widow, KH		Ky	
487	Berkett, Frederick	41 M W	Farm Laborer	/150	Tn	
	Sarah	29 F W	KH		Tn	
	Martha E.	13 F W			Ga	15
	Isaac J.	11 M W			Ga	15
	James A.	10 M W			Ga	
	Margaret F.	7 F W			Ga	
	Celestor F.	4 F W			Ga	
	William M.	2 M W			Ga	
	Amanda	1/12 F W			Ga	(May)

POST OFFICE -- TRENTON

488	Pace, Benjamin F.	45 M W	Farmer	8,000/2,500	NC	
	Amanda C.	35 F W	KH		Ky	
	Mary	13 F W			Ga	15
	Lenora	11 F W			Ga	15
	William P.	9 M W			Ga	
	Carry	7 F W			Ga	
	Walter W.	5 M W			Ga	
	Sous E.	3 F W			Ga	
489	Eaves, James	32 M W	Sec. R.R. Fourmon		SC	
	Mary	35 F W	KH		NC	
	Amos A.	11 M W			Ga	15
	Mary L.	7 F W			Tn	
	Archbald	5 M W			Tn	
	Lorra	1 F W			Ga	
	Vaughn, Riley	11 M W			Tn	
490	Cox, Solomon	24 M W	Farm Laborer		Ala	
	Nancy	25 F W	KH		Tn	
	William A.	3 M W			Ga	
	James M.	2 M W			Ga	
491	McCrary, John M.	27 M W	Farm Laborer		Ga	
	Virginia	27 F W	KH		Tn	
	Ellen	3 F W			Ga	
	Mary	6/12 F W			Ga	(Nov. 1869)
492	Meadow, Pearson S.	52 M W	Farmer	1,600/350	Tn	
	Amanda	38 F W	KH		Tn	
	Mark	14 M W			Ga	17
	Martha	12 F W			Ga	17
	James	7 M W			Ga	
	Josephus	5 M W			Ga	
	Elizabeth	1 F W				
493	Dugan, James	40 M W	Farm Laborer	/300	Tn	
	Martha	34 F W	KH		Ga	
	Mary E.	9 F W			Ga	
	James J.	6 M W			Ga	
	Nancy L. E.	4 F W			Ga	
	Sarah M. L.	3 F W			Ga	
	George A. J.	1 M W			Ga	
	William R.	13 M W			Ga	
	John	80 M W	Retired Farm Laborer		Ga	
	Margaret E.	24 F W			Ga	
	Mary E.	13 F W			Ga	
494	Morrison, Shadrack	50 M W	Farmer	5,000/1,860	Tn	
	Sarah A.	43 F W	KH		Tn	
	William M.	22 M W	Farm Laborer		Ga	16,17
	Manirva	20 F W			Ga	
	John	18 M W	Farm Laborer		Ga	15
	Juha A.	14 F W			Ga	15
	Sarah	9 F W			Ga	
	Lee	6 M W			Ga	
	Elizabeth	2 F W			Ga	

POST OFFICE -- TRENTON

#	Name	Age	Sex	Race	Occupation	Value	Birth	Notes
495	Whitehead, Nancy	71	F	W	Widow, KH	1,000/300	Ga	
496	Hughes, David	23	M	W	Farm Laborer	/200	Ga	
	Jane	30	F	W	KH		Ga	
	James C.	7/12	M	W			Ga	(Nov. 1869)

(In house with Nancy Whitehead, No. 495)

#	Name	Age	Sex	Race	Occupation	Value	Birth	Notes
497	Coal, William J.	61	M	W	Farmer	6,500/1,300	Tn	
	Lavina	58	F	W	KH		Tn	
	Nathan	16	M	W	Farm Laborer		Ga	15
	Thomas H. B.	28	M	W	Teaching School	/330	Ga	
498	Bennett, Henry K.	59	M	W	Farmer	1,000/550	Tn	
	Mary A.	45	F	W	KH		Tn	
	George W.	19	M	W	Farm Laborer		Tn	
	James L.	18	M	W	Farm Laborer		Tn	15
	Mary	14	F	W			Tn	15
	Martha J.	12	F	W			Tn	15
	Philby E.	10	F	W			Tn	16,17
	Rhody J.	1	F	W			Ga	
	William	6	M	W			Ga	
499	Paeterson, George	48	M	W	Retired Laborer	/100	Ga	
	Elizabeth	48	F	W	KH		NC	
	Phillip	22	M	W	Farm Laborer		Ga	17
	Carnilius	19	M	W	Farm Laborer		Ga	17
	William	17	M	W	Farm Laborer		Ga	16,17
	Lewis	14	M	W	Farm Laborer		Ga	16,17
	Elizabeth	12	F	W			Ga	16,17
	Manda	8	F	W			Ga	
500	Derreberry, John	22	M	W	Farm Laborer		Tn	17
	Martha	28	F	W	KH		Ga	17
	Rebecca	2	F	W			Ga	
	William C.	10/12	M	W			Ga	(Aug. 1869)
501	Derreberry, Margaret	48	F	W	Widow, KH	250/100	Tn	
	William C.	21	M	W	Farm Laborer		Ga	17
	Manirvy E.	18	F	W			Ga	15
502	Noler, James C.	38	M	W	Farmer	2,850/1,850	Ga	
	Elizabeth	30	F	W	KH		Tn	
	Celia	9	F	W			Ga	
	William I.	7	M	W			Ga	
	Stephen D.	5	M	W			Ga	
	James P.	3	M	W			Ga	
	Joseph B.	1/12	M	W			Ga	(May)
	Nicklas, William	19	M	W	Farm Laborer		Germany	11,12
503	Hughes, Jesse	52	M	W	Farmer	1,200/850	Tn	
	Philey	46	F	W	KH		Tn	
	Nancy	20	F	W			Ga	
	John	18	M	W	Farm Laborer		Ga	

POST OFFICE -- TRENTON

504	Bennett, Joseph	26 M W	Farm Laborer		Tn	
	Rutha J.	24 F W	KH		Ga	
	Jesse	4 M W			Ga	
	John S.	1 M W			Ga	
505	Moreland, Thomas	55 M W	Farm Laborer		Tn	
	Nancy	35 F W	KH		Tn	
506	Helton, George W.	30 M W	Farm Laborer	/400	Ga	
	Jamima C.	25 M W	KH		Ga	
	Elizabeth O.	17 F W			Ga	16,17
	Joseph Y. D.	10 M W			Ga	17
	Rachel L.	3 F W			Ga	
	Mary E.	9/12 F W			Ga	(Oct. 1869)
507	Morgan, William	25 M W	Cole B. Laborer	100/75	Ga	
	Margaret	38 F W	KH		Tn	
	John	15 M W	Farm Laborer		Tn	16,17
	Sarah	13 F W			Tn	16,17
	Narces	5 F W			Tn	
508	Street, Lidda C.	50 F W	Widow, KH	2,000/450	Tn	
	William B.	20 M W	Farm Laborer		Tn	15
	Francis M.	18 M W	Clerk in Store		Ga	15
	Mary C.	12 F W			Ga	
	George W.	13 M W			Ga	15
	Lidda D.	11 F W			Ga	
509	Street, Aminda (?)	50 F W	Widow KH	2,000/650	Ga	
	Thompson	18 M W	Farm Laborer		Ga	15
	Monrow	17 M W	Farm Laborer		Ga	15
	Safroney	13 F W			Ga	15
	Jefferson	10 M W			Ga	15
510	Prince, Sanford	51 M W	Farmer	300/200	Tn	
	Joanner	49 F W	KH		Tn	
	Mary J.	20 F W			Tn	17
	Elizabeth	18 F W			Tn	17
	Andrew	12 M W			Ga	16,17
	John	9 M W			Ga	
	William	6 M W			Ga	
511	Smith, Benjamin	20 M W	Farm Laborer		Ga	(m. Sept. 186
	Julia C.	21 F W	KH		Ga	"
512	Gober, William	18 M W	R.R. Sec. Laborer		Ga	(m. April 187
	Catharine	16 F W	KH		Tn	"
	Hale, Prisciller	46 F W	Widow		Tn	

POST OFFICE -- TRENTON

513	Brown, Joseph	53 M W	Farm Laborer		Tn	
	Sarah	30 F W	KH		Ga	
	William N.	14 M W	Farm Laborer		Ga	16,17
	Sarah C.	11 F W			Ga	16,17
	Andrew S.	9 M W			Ga	
	Elizabeth	3 F W			Ga	
	Richerson, James N.	9 M W			Ga	
514	Gober, William R.	43 M W	Farm Laborer	/370	Ga	
	Permila A.	43 F W	KH		Ga	
	John R.	16 M W	Farm Laborer		Ga	15
	Georgia A. L.	15 F W			Ga	15
	Henry T. M.	13 M W			Ga	15
	Daniel C.	11 M W			Ga	15
	James W.	9 M W			Ga	
515	Smith, Ansel	52 M W	Farmer	1,000/500	SC	
	Frances D.	48 F W	KH		SC	
	Mary A. E.	24 F W			SC	17
	Louiza C.	22 F W			SC	17
	Misouria	15 F W			SC	17
	Miles H.	14 M W	Farm Laborer		SC	17
	James M.	13 M W	Farm Laborer		SC	16,17
	Sarah M.	11 F W			SC	16,1
	Nancy E.	9 F W			SC	
	Thomas J.	8 M W			SC	
	Allis	1 M W			SC	
516	Martin, Malilda	34 F W	Widow, KH	1,500/300	Tn	
	Sintha E.	10 F W			Ga	15
	John F.	8 M W			Ga	
	Hale, Elizabeth	52 F W	Widow, KH	500/200	Tn	
517	Gowyer, Elizabeth	70 F W	Widow, KH	500/200	Tn	
	William	35 M W	Farm Laborer		Tn	
	Jefferson	33 M W		/200	Tn	Blind
518	Keneday, Hugh L.	69 M W	Farmer	600/250	SC	
	Dicy	74 F W	KH		Ga	
	Brison L.	35 M W	Farm Laborer		Ga	
519	Swofferd, Moses	55 M W	Farm Laborer	/350	Ala	
	Sarah	50 F W	KH		Ala	
	Martha	20 F W			Ala	
	Palestine	18 F W			Ala	
520	Swofford, John	28 M W	Farm Laborer	/100	Ala	
	Veney	24 F W	KH		Ala	
	James L.	3 M W			Ala	
	Palestine	1 F W			Ga	

POST OFFICE -- TRENTON

521	Oneal, Elizabeth	45 F W	Widow, KH		Ga	
	Nancy E.	16 F W			Ga	17
	Sarah	14 F W			Ga	16,17
	Martha	12 F W			Ga	16,17
	Jackson	20 M W	Farm Laborer		Ga	17
522	Simpson, James	54 M W	Farm Laborer	/200	SC	
	Nancy	44 F W	KH		Tn	
	Quales, Mary	60 F W	Widow		Tn	
523	Emry, Martha	41 F W	Widow, KH		Ala	
	James F.	4 M W			Ga	
	John R.	3 M W			Ga	
	Nancy A.	1/12 F W				(May)

POST OFFICE -- MORGANVILLE

524	Hale, Fletcher	30 M W	Farmer	1,000/300	Tn	
	Mary A.	27 F W	KH		Ga	
	John W.	8 M W			Ga	
	Peter M.	3 M W			Ga	
525	Qualls, George	25 M W	Farm Laborer	/150	Tn	
	Martha	26 F W	KH		Ala	
	James F.	4 M W			Ga	
	John R.	3 M W			Ga	
526	Haswell, John	35 M W	Farm Laborer	/150	Tn	
	Manda	25 F W	KH		Tn	
	Julia	7 F W			Tn	
	William	5 M W			Tn	
	Newton	3 M W			Tn	
	Wiley	1 M W			Ga	
	Jesse	2/12 M W			Ga	(May)
527	Thacker, James	35 M W	Farm Laborer	/150	Tn	
	Mary	36 F W	KH		Tn	
	Harriett	4 F W			Tn	
	Causey	1 F W			Tn	
528	Shook, William L.	37 M W	Dry Goods and Grocer Retail	/750	Tn	
	Margaret	38 F W	KH		Tn	
	John H.	13 M W			Tn	16,17
	Thomas W.	9 M W			Tn	
	Andrew C.	5 M W			Tn	
529	Lendsey, Robert	54 M W	Farm Laborer	/300	Tn	
	Florance	24 F W	KH		Tn	
	Nancy	17 F W			Tn	15
	Olive	14 F W			Tn	15
	Lorrah	11 F W			Tn	16,17
530	Oneal, William	22 M W	Farm Laborer		Ga	(m. Feb.)
	Emaline	24 F W	KH		Tn	"
531	Fowler, Alford	45 M W	Farmer	3,600/500	SC	
	Nancy E.	33 F W	KH		Tn	
	John P.	16 M W	Farm Laborer		Ga	15
	Sarah E.	14 F W			Ga	15
	Mary P.	12 F W			Ga	15
	Robert H.	10 M W			Ga	15
	Joel A.	8 M W			Ga	
	Kate P.	4 F W			Ga	
	Arthur J.	2 M W			Ga	
	Lula T.	1 F W			Ga	
	Rains, Menda	16 F W			Ga	

POST OFFICE -- MORGANVILLE

532	Eller, Hambliton	45 M W	Farm Laborer	/400	NC	
	Lucinda	38 F W	KH		Tn	
	Sarah J.	14 F W			Ga	17
	Elizabeth	12 F W			Ga	16,17
	Andrew J.	4 M W			Ga	
	James	2 M W			Ga	
533	Jaima (James?), Fleming	63 M W	Farmer	1,500/500	Va	
	Rachel	62 F W	KH		Va	
	Parilee	23 F W			Tn	
534	Jaima, William	22 M W	Farm Laborer	/200	Tn	
	Julia	22 F W	KH		Tn	
	Rachel	1 F W			Ga	
535	Pearson, Lucinda	50 F W	KH	/100	Tn	
536	Hale, Christing	41 F W	Widow, KH	1,500/460	Ala	
	William D.	20 M W	Farm Laborer		Ga	15
	Judia Ann	18 F W			Ga	15
	Eliza J.	15 F W			Ga	15
	Matilda C.	12 F W			Ga	15
	Amon C.	9 M W			Ga	
	Sarah Ann M.	6 F W			Ga	
537	Hale, Samuel	22 M W	Farm Laborer	/400	Ga	
	Sarah	25 F W	KH		Ala	
	Mary B.	3/12 F W			Ga	(Mar.)
538	Tatum, Howel	71 M W	Farmer	1,500/100	Va	
	Jane	60 F W	KH		Tn	
	Nancy A.	15 F W			Ga	15
	Alexander M.	14 M W			Ga	15
539	Tatum, John	40 M B	Farm Laborer	/100	Tn	16,17
	Louiza	28 F B	KH		Tn	16,17
	Thomas	12 M B			Ga	16,17
	Lucy	10 F B			Ga	16,17
	Brist	7 M B			Ga	
	William	3 M B			Ga	
	James	25 M B	Farm Laborer		Tn	
	John	6 M B			Tn	
	George	4 M B			Tn	
540	McColley, John W.	38 M W	Farmer	1,700/600	Tn	
	Mary B.	38 F W	KH		Tn	
	Sarah A.	14 F W			Ga	15
	Samuel H.	12 M W			Ga	15
	William J.	9 M W			Ga	
	Fanna R.	5 F W			Ga	
	Emir E.	2 F W			Ga	

POST OFFICE -- MORGANVILLE

541	Hickson, John	30 M W	Farmer	700/300	Tn	
	Elizabeth	28 F W	KH		Tn	
	Lanorra	4 F W			Ga	
	Lavirna	2 F W			Ga	
542	Waddle, William	40 M W	Farmer	800/400	SC	
	Sarah	27 F W	KH		Tn	
	Martha	3 F W			Ga	
	Franklin	1 M W			Ga	
543	Gross, Wesley	21 M W	Farm Laborer	/100	Ga	(m. Dec. 1869)
	Ellen	18 F W	KH		Ga	"
544	Persley, Mathew	25 M W	Farm Laborer	/100	SC	
	Martha	28 F W	KH		Tn	
	John	3 M W			Ga	
	Wesley	2 M W			Ga	
	Sarah S.	1/12 F W			Ga	(May)
	Salenda	70 F W	Widow		SC	
545	Gross, John	57 M W	Farmer	1,500/525	NC	
	Lucritta	30 F W	KH		Tn	
	Mary E.	5 F W			Ga	
	George W.	1 M W			Ga	
546	Hughes, William	67 M W	Farmer	2,500/630	Tn	
	Elizabeth	63 F W	KH		Tn	
	Nancy	36 F W			Ga	
	Sarah C.	30 F W			Ga	
	Stacy E.	25 F W			Ga	
	Rebecca	23 F W			Ga	
	Manda L.	20 F W			Ga	16,17
	Cumfort E.	18 F W			Ga	16,17
	George	28 M W	Maimed Soldier	100/375	Ga	
	Rains, John	13 M W	Farm Laborer		Ga	16,17
547	Morgan, Manas	57 M W	Farmer	4,500/1,565	Ga	
	Izebell C.	49 F W	KH		Tn	
	Killion, Martha A. E.	16 F W			Ga	

POST OFFICE -- TRENTON

#	Name	Age	Sex	Race	Occupation	Value	Birth	Notes
548	Wade, Rebecca	47	F	W	Widow, KH		SC	
	Edward K.	11	M	W			Ga	17
	William T.	9	M	W			Ga	
549	Pearson, Isaac	55	M	W	Farm Laborer		Tn	
	Martha	25	F	W	KH		Tn	
	James	19	M	W	Farm Laborer		Ala	16,17
	Tennessee	16	F	W			Ala	16,17
	Mary	7	F	W			Ga	
	Elizabeth	2	F	W			Ga	
550	Sells, Solomon	52	M	W	Farmer	2,300/600	Tn	
	Lucy A.	49	F	W	KH		Tn	
	James F.	18	M	W	Farm Laborer		Ga	17
	Margaret E.	17	F	W			Ga	
	Mary J. R.	15	F	W			Ga	17
	Peter N.	13	M	W			Ga	
	Stonewall D.	9	M	W			Ga	
	John T.	21	M	W	Lawyer		Ga	
551	Presley, Charles W.	30	M	W	Telegraph Operator	/1,000	SC	
	Mary E.	30	F	W	KH		SC	
	Ida D.	10	F	W			Ga	16,17
552	Killion, Parthina	57	F	W	Widow, KH	500/150	Tn	
553	Parker, Waller	30	M	B	Farm Laborer		Tn	16,17
	Ellen	30	F	B	KH		Tn	16,17
	Florance	10	F	B			Tn	16,17
	Sanford	8	M	B			Tn	
	Mary	5	F	B			Tn	
554	Evans, William	25	M	B	Farm Laborer		Ga	16,17
	Doxcy	37	F	B	KH		Ga	16,17
	Emaline	5	F	B			Ga	
	Sintha	10	F	B			Ga	16,17
	Peter	3	M	B			Ga	
555	Holman, Samuel	45	M	B	Farm Laborer		Va	16,17
	Elizabeth	50	F	B	KH		Va	16,17
	Henry	12	M	B			Va	16,17
556	Mifford, Micajah	30	M	W	Section Foreman		Tn	(m. Sept. 186?
	Mary J.	27	F	W	KH		Ga	"
557	West, William	40	M	W	Farmer	300/488	NC	
	Eliza A.	35	F	W	KH		Ga	
	Sarah J.	13	F	W			Ga	15
	Manirvy	12	F	W			Ga	15
	Nancy	10	F	W			Ga	15
	Sintha L.	8	F	W			Ga	
	James E.	5	M	W			Ga	
	William	4	M	W			Ga	

POST OFFICE -- TRENTON

558	Bradford, William J.	30 M W	Farmer	100/175	Tn	
	Nancy	32 F W	KH		Ga	
	James M.	10 M W			Ga	16,17
	Lot E.	9 M W			Ga	
	Sarah R.	8 F W			Ga	
	Susan J.	6 F W			Ky	
	William J.	3 M W			Ga	
	Thomas D.	1 M W			Ga	
559	Mahan, Milly	50 F W	Widow, KH	400/470	Ga	
	Jasper	20 M W	Farm Laborer		Ga	16,17
	Greenberry	17 M W	Farm Laborer		Ga	16,17
	Debby	15 F W				15
	Rachel	15 F W				15
560	Mahan, Serepty	31 F W	Widow, KH	/425	Tn	
	Powel, Newton	36 M W	Farm Laborer		Ga	
561	Willson, Andrew	60 M W	Farmer	300/330	Tn	
	Rebecca	50 F W	KH		Tn	
	Mary	25 F W			Tn	16,17
	Missouria	18 F W			Tn	16,17
	Oneal, John	25 M W	Farm Laborer		Ala	
562	Powel, Saviare	30 M W	Farmer	200/400	Ga	
	Florida	18 F W	KH		Ga	
	Nancy	3 F W			Ga	
563	Hagety, Thomas	30 M W	Farmer	20/150	Ireland	11,12
	Caroline	20 F W	KH		Tn	
	William A.	5 M W			Tn	11
	Rebecca A.	1 F W			Tn	11
564	Mahan, John	60 M W	Farmer	300/100	Ga	
	Nancy	60 F W	KH		Ga	
	Mary	20 F W			Ga	16,17
	Jane	18 F W			Ga	16,17
	James E.	17 M W	Farm Laborer		Ga	16,17
	Rebecca	15 F W			Ga	16,17
565	Wallis, Franklin	15 M W	Farm Laborer		Tn	17
	Jane	13 F W	KH		Ala	17
	Allister	11 F W			Ala	16,17
	Molly	9 F W			Ala	
	Betty	8 F W			Ala	
566	Powel, Calop	12 M W			Ga	16,17
	Leander	10 M W			Ga	16,17
	Olley	8 F W			Ga	
	James	6 M W			Ga	
	John	4 M W			Ga	

POST OFFICE -- TRENTON

567	Stephens, Hezekiah	49 M W	Farmer	160/300	Ga	
	Mary	48 F W	KH		Ga	
	Sarah A.	22 F W			Ga	
	Barbary R.	14 F W			Ga	16,17
	Hezekiah R.	12 M W			Ga	16,17
	Margaret M.	9 F W			Ga	
	John W.	4 M W			Ga	
568	Biark, John F.	35 M W	Farmer	150/400	Ga	
	Elizabeth	23 F W	KH		Ga	
	William F.	15 M W	Farm Laborer		Ga	
	Mary E.	13 F W			Ga	16,17
	James C.	8 M W			Ga	
	Charles L.	4 M W			Ga	
	Henry C.	2 M W			Ga	
569	Biark, Josiah	84 M W	Retired Blacksmith	/100	Ga	
	Nancy	80 F W	KH		Ga	
570	McKaig, Elizabeth	69 F W	Widow, KH	400/150	NC	
	Francis	25 M W	Farmer		Ga	
571	McKaig, John	34 M W	Farmer	400/175	Tn	
	Milly	31 F W	KH		Tn	
	Webster	12 M W			Ga	17
	Hugh W.	10 M W			Ga	16,1?
	John F.	8 M W			Ga	
	Sarah E.	6 F W			Ga	
	Thomas L.	4 M W			Ga	
	Benjamin H.	2 M W			Ga	
	James	3/12 M W			Ga	(Feb.)
572	Boatman, Robert	60 M W	Farmer	600/411	Tn	
	Evo	56 F W	KH		SC	
573	Boatman, William	34 M W	Farmer	300/580	Ga	
	Lucy Ann V.	36 F W	KH		Ga	
	Frances	11 F W			Ga	15
	Georgia A.	9 F W			Ga	
	Martha	7 F W			Ga	
	Eady P.	5 F W			Ga	
	Eddy	3 M W			Ga	
	Mary	1 F W			Ga	
574	Daniel, Mastin	23 M W	Farm Laborer	/100	Ga	
	Martha A.	25 F W	KH		Ga	
	Horris C.	6 M W			Ky	
	Unily O.	2 F W			Ga	

POST OFFICE -- TRENTON

575	Brandon, Martin	50 M W	Farm Laborer	/200	Tn	
	Jane	45 F W	KH		Tn	
	Mary	30 F W			Tn	17
	Margaret	28 F W			Tn	17
	Martha	25 F W			Tn	17
	Sarah A.	22 F W			Tn	17
	Charity	20 F W			Tn	17
	Julia	14 F W			Ga	16,17
	John	11 M W			Ga	16,17
	Tennessee	4 F W			Ga	
576	Haney, Hezekiah	35 M W	Farmer	160/150	Ala	
	Julia A.	23 F W	KH		Tn	
	Matilda	6 F W			Ga	
	Emaline	4 F W			Ga	
	Thomas	2 M W			Ga	
577	Bradford, James	30 M W	Farmer	160/100	Tn	
	Sarah	23 F W	KH		Tn	
	John	6 M W			Tn	
	Florra E.	2 F W			Ga	
578	Willson, William Y.	55 M W	Farm Laborer	/250	Tn	
	Caroline	50 F W	KH		Tn	
	Caroline	20 F W			Tn	
	Sarah	18 F W			Tn	
579	Daniel, Benjamin	44 M W	Farmer	900/732	Ga	
	Matilda S.	39 F W	KH		Tn	
	Thomas A.	17 M W	Farm Laborer		Ga	
580	Daniel, James M.	21 M W	Farm Laborer		Ga	
	Martha E.	19 F W	KH		Tn	
581	Bradford, James	70 M W	Retired Blacksmith	62/270	NC	
	Sarah J.	30 F W	KH		SC	
	Thomas	11 M W			SC	16,17
	Hester J.	2 F W			Ga	
582	Gray, John	45 M W	Farmer	400/800	NC	
	Nancy	50 F W	KH		NC	
	William H.	19 M W	Farm Laborer		Tn	17
	Mary A.	16 F W			Ga	17
	Susan L.	13 F W			Tn	17
	Nancy M.	10 F W			Ga	16,17
	John W.	8 M W			Ga	
583	Morre, John W.	24 M W	Farm Laborer	/100	Tn	
	Dealey	26 F W	KH		Ga	
	Alexander	18 M W	Farm Laborer		Tn	
	Andrew J.	15 M W	Farm Laborer		Ga	16,17
	Thomas P.	12 M W			Ga	16,17
	James V. S.	9 M W			Ga	
	Charles A.	5 M W			Ga	

POST OFFICE -- TRENTON

584	Cocks, Sarah	35 F W	Widow, KH		Ga	
	Sarah J.	17 F W			Ga	16,17
	Lorra	15 F W			Ga	16,17
	Franklin	14 M W	Farm Laborer		Ga	16,17
	Lumpkin	12 M W			Ga	16,17
	Martin	10 M W			Ga	16,17
585	Parham, Franklin	45 M W	Farm Laborer	/100	Tn	
	Sarah	45 F W	KH		Tn	
	Lewis J.	23 M W	Farm Laborer		Tn	17
	William	23 M W	Farm Laborer		Tn	17
	Sarah A.	20 F W			Tn	16,17
	John	18 M W	Farm Laborer		Tn	16,17
	Martha	16 F W			Tn	16,17
	Jane	14 F W			Ga	16,17
	Washington	12 M W			Ga	16,17
	Thomas	10 M W			Ga	16,17
	Mary	8 F W			Ga	
	Robert A.	2 M W			Ga	
586	Stedmon, Mary	30 F W	Widow, KH	/250	Tn	
	Bonney	8 F W			Ga	
	Tolbert	6 M W			Ga	
	Bemlir	4 F W			Ga	
587	Andrews, Alexander	46 M W	Farmer	6,000/1,142	SC	
	Sarah E.	32 F W	KH		Tn	
	Julia	6 F W			Ga	
	Orlinia	4 F W			Ga	
	Otia P.	1 F W			Ga	
	Payn, Jane	23 F W	Domestic Servant		Ga	
588	Nesbit, John W.	32 M W	Farmer	6,500/500	Ga	
	Henry Etter	26 F W	KH		Ga	
	George H.	3 M W			Ga	
	Cidney M.	2 F W			Ga	

MORTALITY SCHEDULE -- 1870

Household Number	Name	Age	Sex	Race	Married	Born	Occupation	Month Died	Disease or Cause of Death
3	Bible, Washington J.	22	M	W	m	Tn	Farmer	Oct	Cramp Cholic
46	Horn, Julia A.	27	F	W	-	NC		Mar	Rupture in Head
135	Holms, Moses R.	11	M	W	-	Ga		Sept	Typhoid Fever
160	Frizzell, John F.	3	M	W	-	Ga		Jan	Inflamation of Brain
182	Cross, Fleming	9	M	W	-	Ga		Dec	Paralysis
190	Lea, Sarah G.	1	F	W	-	Ga		Aug	Inflamation of Bowels
330	Smith, Nancy C.	21	F	W	-	Ga		June	Consumption
231	Williams, Ida B.	2	F	W	-	Ga		Mar	Inflamatory Rheumatism
239	Case, William P.	2	M	W	-	Ala		June	Brain Fever
427	Carney, Absalom	73	M	W	m	SC	Retired Carpenter	Feb	Cancer
213	Cox, James	40	M	W	m	NC	R.R. Laborer	June	Brain Fever
213	Cox, Robert H.	2	M	W	-	Ala		Aug	Dropsey
448	Scealf, William	89	M	W	m	SC	Farmer	Dec	Palsey
461	Collins, Mary	45	F	B	m	Ga	KH	Feb	Consumption
470	Read, Mary	16	F	B	-	Ga		Mar	Consumption
476	Hale, Frances S.	54	F	W	m	Tn	KH	May	Belious Fever
559	Mahan, James	60	M	W	m	Tn	Farmer	June	Consumption

PART IV

1880

Enumeration of Heads of Households

Dade County, Georgia

38th District (Cole City)

Household No.	Head of Household	Age	Race	Wife	Head of Household born
1	Sedeman, James	60	W	Caroline	Hesse Dormstad
2	McDonald, George	27	W	Sarah Emily	Ala.
3	Cobb, John	35	W	Martha	Ala.
4	Torbett, Samuel M.	36	W	Elizabeth	Tenn.
5	Reeves, Margaret	23	W		Ala.
6	Powers, Sarah	43	W		Tenn.
7	Bruce, Robert M.	25	W	Isabella	Tenn.
8	Griffis, James R.	50	W	Lucinda	Tenn.
9	Brown, James W.	61	W	Elizabeth	Ga.
10	Van Hoosier, Rachel	68	W		Tenn.
11	Wade, Hop	25	W	Laura	Tenn.
12	Wilkie, George	41	W	Edia	N.C.
13	Beddo, Frank	23	W	Caroline	Tenn.
14	Estis, Elizabeth	41	W		Ga.
15	Parker, Samuel T.	25	W	M. Malissa	Ga.
16	Evans, Thomas R.	36	W	Elizabeth	Wales
17	Allison, Robert	31	W	Minerva	Ga.
18	Philips, John	25	W	Martha E.	Tenn.
19	Renno, George	22	W	Josephine	Ga.
20	Wilkie, M.G.	35	W	Cinthia	N.C.
21	Russell, Henry C.	27	W	Martha K.	Tenn.
22	Renno, Martin	51	W	Lucinda	Tenn.
23	Jenkins, John	29	W	Alice	Wales
24	Johnson, America F.	40	W	Mattie T.	Ga.
25	Wells, B.E.	58	W	Eva C.	N. Hamp.
26	Trussell, James	26	W	Martha C.	Tenn.
27	Cash, James	30	W	Eliza	Va.
28	Shepperd, David	28	W	Mary E.	Ga.
29	Whitacre, Aaron	27	W	Martha M.	Va.
30	Sanders, Thomas	27	B	Carey	
31	Parker, Isaac	39	W	Eliza	Tenn.
32	Henderson, John	30	W	Eliza C.	Tenn.
33	Quarles, James	22	W	Martha	Tenn.
34	Elliott, Charles	33	W	Laura C.	Tenn.
35	Cose, Mary A.	54	W		Tenn.
36	Scott, Harrison	26	W	Hattie	Ky.
37	Kilpatrick, W.R.	30	W	Avie	Ga.
38	Burnett, John	31	W	Harriet	Tenn.
39	Porter, Elijah	28	W	Mary Ann	Ala.
40	Thomas, Tilman	26	W	Sarah M.	Ga.
41	Austin, James	29	W	Sarah	Tenn.
42	Penley, Jonathan	38	W	Mary Jane	Ga.
43	Parker, Benjamin	33	W	Mary	Tenn.
44	Webb, John	48	W	Emeline	Tenn.
45	Parker, Biddy A.	40	W F		Tenn.
46	Skealls, William	52	W	Mary	Ga.
47	Graham, John	25	B	Laura J.	Tenn.
48	Webb, Nancy	47	W		Tenn.
49	Rogers, Ambrose R.	55	W	Sarah	N.C.
50	Campbell, William	22	W	Eliza	Tenn.
51	McHona, Isaac H.	29	W	Sarah	Tenn.
52	Slemmons, James	41	W	Elizabeth J.	Ireland
53	Nicholson, John	53	W	Sarah E.	N.C.
54	Quarles, Trevian(?)	46	W	Maria	Tenn.

Household No.	Head of Household	Age	Race	Wife	Head of Household born
55	King, Louis L.	20	W		Ga.
56	Pearson, John	54	W	Mary A.	Canada
57	Pearson, Thomas C.	28	W	Nancy J.	Canada
58	Webb, Mary	50	W		Tenn.
59	McCohan, William	53	W		Tenn.
60	Thomas, Daniel	77	W	Eliza (62)	S.C.
61	Skinner, Katherine	26	W		Ga.
62	Keef, Jesse	37	W	Mary	Ga.
63	Crawford, W. M.	29	W	Orrah	Ga.
64	Choate, Wiley	28	W	Laura	Tenn.
65	Hepath, John	32	W	Sarah	Ala.
66	McRunnels, Perry	21	B	Emily	Tenn.
67	Wyatt, Thomas	27	B		Ga.
68	Mills, Dennis	26	B		Ga.
69	Davis, Robert	31	B		Ga.
70	Pasda, Columbus	21	B		Ga.
71	Sharpe, French	25	B		Ga.
72	Rudd, Augustus	19	B		Ga.
73	Patterman, James	70	B		Ga.
74	Boston, James	34	W	Elizabeth	Ga.
75	Pursley, Nathan	39	W	Martha (37)	S.C.
76	Dereby, John	35	W	Mat	Tenn.
77	Cole, Kelly	23	B		Ga.
78	Davis, Kirksey	53	W Physican	Sarah	Ga.
79	Reeves, Elizabeth	59	W		Tenn.
80	Swafford, Thomas	52	W	Malinda J.	S.C.
81	Swafford, Benjamin	24	W	Mary	Ala.
82	Stricland, George	40	W	Mahaly	Ala.
83	Chadwick, John	23	W	Amanda	Ala.
84	Stephens, William	30	W	Martha J.	Ga.
85	Hayne, Cinthia	64	W		Tenn.
86	Gass, Nathan	36	W	Malissa A.	Ga.
87	Gass, William	33	W	Rachael	Ga.
88	Gass, Frederick	47	W	Tennessee (43)	Tenn.
89	Irwin, James	26	W	Mahaly	Ala.
90	Cameron, Hugh	62	W	Nancy (58)	Ky.
91	Lane, Zelpha	59	W		Tenn.
92	Short, William E.	50	W	Martha J. (40)	Ga.
93	Stephens, Jack	41	W	Emiles Jane (41)	Ga.
94	Case, Jesse	45	W	Elizabeth (40)	Tenn.
95	Long, Benjamin W.	62	W	Millia (47)	Ala.
96	Prince, William	31	W	Martha	Ga.
97	Blakley, Enoch	78	W	Nancy (53)	Tenn.
98	Boston, William	32	W	Adeline	Ga.
99	Doyle, William	23	W	Margarett E.	Tenn.
100	Doyle, Riley	23	W	Mary	Tenn.
101	Smith, Matthew	34	W	Martha	Ga.
102	Reese, William O.	35	W	Supt.Cole City Prison	Ga.
103	Brown, Lagrange	27	B		Ga.

38 District (Sligo)

1	Hale, Shadrick	63	W		Tenn.
2	Morrison, Shadrick	60	W	Sarah Ann (52)	Tenn.
3	Dabs, Rufus H.	32	W	Minerva	Tenn.
4	Hughs, David	36	W	Jane (40)	Tenn.

Household No.	Head of Household	Age	Race	Wife	Head of Household born
5	Duggan, James	54	W	Martha	Tenn.
6	Brown, John	27	W	Martha J.	Tenn.
7	Sparks, Mac	21	W	Parmelia	Ala.
8	Meadow, Pearson	61	W	Armanda	Tenn.
9	Cole, William J.	71	W	Lavina (68)	Tenn.
10	Patterson, George	61	W	Elizabeth (52)	Ga.
11	Duggan, John	33	W	Comfort E.	Ga.
12	Patterson, Philip C.	32	W	Rebecca	Ga.
13	Hughs, William	77	W		Tenn.
14	Gross, John	67	W		N.C.
15	Oliver, Elizabeth	50	W		Tenn.
16	Waddell, William	50	W	Sarah A.	S.C.
17	Hinson, John	42	W	Sarah E. (32) (Farmer)	Tenn.
18	Bennett, James	29	W	Mary Ann	Tenn.
19	Bennett, Henry	69	W	Mary A. (54)	Tenn.
20	Street, Madison M.	27	W	Caledonia	Ga.
21	Street, Araminta	60	W		Ga.
22	Stewart, James	29	W	Sarah J.	Ga.
23	Street, Lydia	60	W		Tenn.
24	Parker, Mathew	31	W	Mary	Tenn.
25	Hughs, Phebe	60	W		Tenn.
26	Jones, John	24	W	Ellen	Ga.
27	Hugh, George	40	W	Martha A	Tenn.
28	Patterson, William	26	W	Martha M	Ga.
29	Stokes, Greenberry J.	40	W	Virginia Ann	Tenn.
30	Bush, William	30	W	Disa Elvira	Ky.
31	Bailey, Mary	56	W		Tenn.
32	Hambrick, Harvey	28	W	Amanda	Tenn.
33	Jones, George	32	W	Josephine	Ga.
34	Jones, Smith	60	W	Louisa	Tenn.
35	Ford, William	26	W	Sarah Jane	Ala.
36	McHone, John J.	22	W	Elizabeth	Tenn.
37	Murphy, Elizabeth	67	W		Tenn.
38	Murphy, Elijah	33	W	Elizabeth	Ga.
39	Doyle, Jacob	33	W	Elizabeth	Ga.
40	Doyle, Isaac	63	W	Mary (63)	Tenn.
41	Murphy, Sarah	59	W		Tenn.
42	Doyle, William	22	W	Neppa	Ga.
43	Windfield, Louis	38	Mu	Harriet	Ga.
44	Gordon, Scott	40	B	Mary	Ga.
45	Pryor, Henry	36	Mu	Lavina	Tenn.
46	King, Salteman	24	B	Katherine	Ala
47	Read, Louis	53	B	Mary	Ga.

38 District (Egypt)

1	Philips, William	47	W	Adeline	S.C.
2	Tittle, Richard F.	25	W	Matilda C.	Ga.
3	Wasmach, Lydia	45	B		Tenn.
4	Hodge, Edmund	45	B	Lucinda	Va.
5	Caldwell, Abner	65	B	Eliza	N.C.
6	Hale, Samuel J.	32	W	Sarah	Ga.
7	Rogers, Felix	57	B	Malinda	Ga.
8	Pariss, Brish	49	B	Amanda	Tenn.
9	Smith, Miles	24	W	Calista	Ga.

Household No.	Head of Household	Age	Race	Wife	Head of Household born
10	Tatum, Jane	68	W		Tenn.
11	Smith, Benjamin	30	W	Julia	Ga.
12	Tatum, George	21	B	Minnie	Ga.
13	McColly, Mary B.	46	W		Tenn.
14	Davenport, William	47	W	Harriet	Tenn.
15	Hale, Prisilla	55	W		Tenn.
16	Smith, George	27	W	Elizabeth	Ga.
17	Wilkie, Maberry	38	W	Martha	Ga.
18	Wilson, Jeremiah	26	B	Emeline	Va.
19	Hill, William A.	62	B	Darkus	Va.
20	Philips, Jessie	32	W	Nancy A.	Tenn.
21	Pariss, John C.	52	W	Elizabeth (45)	Tenn.
22	Manning, Amos	53	W	Rachel K. (54)	Ala.
23	Street, Thompson M.	29	W	Cynthia E.	Ga.
24	Martin, Matilda C.	44	W		Tenn.
25	Smith, Ansel	62	W	Frances (59)	S.C.
26	Street, Katherine	32	W		Ga.
27	Davis, Eliza	40	W		Tenn.
28	Smith, Benjamin F.	33	W	Matilda	Ala.
29	Gouger, Jefferson A.	43	W	Rosa	Tenn.
30	Gouger, William A.	45	W	Nancy Jane	Tenn.
31	Kenedy, John E.	56	W	Margaret (42)	Ga.
32	Barnard, Richard	50	W	Mary	Ga.
33	Tatum, Richard	29	B	Laura	Ga.
34	Tatum, Samuel	33	W	Anner	Ga.
35	Hasswell, John	39	W	Amanda	Tenn.
36	Lisle, William	50	W	Mary (47)	S.C.
37	Lowe, Leonard	59	W	Mary (54)	Tenn.
38	Green, Henry	39	W	Sarah	Hesse
39	Doyle, Nancy M.	55	W		Tenn.
40	Kennedy, James S.	59	W	Rosanna (62)	Ga.
41	Kenedy, Bryson	46	W		Ga.
42	Kenedy, Thomas	44	W	Mary	Ga.
43	Kenedy, David	35	W	Eviline Jane	Ga.
44	Flecher, James	26	W	Lydia D.	Tenn.
45	Prince, Sanford	62	W	Elisabeth (40)	S.C.

38th District (Rising Fawn)

Household No.	Head of Household	Age	Race	Wife	Head of Household born
1	Crosse, Solomon	70	W	Mary (64)	N.C.
2	Poole, Artermis	38f	W		Ala.
3	Wood, Sam	40	W	Mary	Ga.
4	McBryar, William	75	W	Sarah (45)	N.C.
5	Maxwell, Alius	45	W	Jane	Ga.
6	Hall, Hardy	38	W	Marthy	Ga.
7	Balkam, Dick	27	B	Marget	N.C.
8	Spencer, William	35	W	Caroline	S.C.
9	Pitman, John	33	W	Matilda	Ga.
10	Raines, Jasper	30	W	Marthy	S.C.
11	F.Deman, Flarvon	38	W	Lottie	Canida
12	Pettitt, William	32	W	Palestine	Tenn.
13	Melor, Bengamon	43	W	Martha	Ga.
14	McAmos, William	31	W	Mary	Tenn.
15	Amos, John	74	W		N.C.
16	Thurmon, Steve	38	W	Bettie	Tenn.

Household No.	Head of Household	Age	Race	Wife	Head of Household born
17	Moreland, John	38	W	Amanda	Ala.
18	Camp, Joseph	24	W	Martha	Ga.
19	Street, Adam	26	Mu	Francies	Ga.
20	Brice, Malica	34F	W		Miss.
21	Blevins, John	38	W	Mary	Ga.
22	Jordan, George	22	W	Mollie	Tenn.
23	Gilbert, Warren	35	W	Lucinda	Ga.
24	Lee, Andrew	47	W	Nancy	S.C.
25	Cantrell, John	30	W	Mary	Tenn.
26	Tinick, Asa	33	W Phy.	Virginia	Ga.
27	Witt, Fannie	60	W		Tenn.
28	Sharrock, George	41	W	Lilla	Miss.
29	Tidwell, Lee	35	W	Laura	Ga.
30	Forester, Charity	60	W		S.C.
31	Euette, James	65	W	Mattie (45)	S.C.
32	Lumpkin, Thomas	41	W	Willie	Ga.
33	Roberts, Abe	26	W	Mary	Ga.
34	Christian, Gilbert	29	B		Va.
35	Cilgore, Richard	31	W	Eliza	Tenn.
36	Bausard, Daniel	40	B	Jane	Ky.
37	Forster, Lind	27	B	Mary	N.C.
38	Lee, Salem	30	B	Elvina	S.C.
39	Felks, Albert	22	B	Rosa	Va.
40	Burkhaulter, Mary	24	W	Elen	Tenn.
41	John, Callice	35	Mu	Lou	Ky.
42	Williams, Robert	23	B	Katie	Va.
43	Tolbert, Mose	25	B	Julia	Tenn.
44	Radford, Perkins	50	B	Elisebeath	Ga.
45	Millican, Charles	53	W	Marthy	Ga.
46	McGinnis, William	33	B	Mary	Va.
47	Walt, Dave	24	B	Laina	N.C.
48	McCeson, Felou	23	Mu	Alace	N.C.
49	Cob, Sam	26	B	Emma	Ala.
50	Cook, Washington	45	B	Mary	Ga.
51	Black, Dawson	20	B	Mattie	Va.
52	Jackson, Charlie	30	B		Va.
53	Norton, Pink	24	B	Sue	Ga.
54	Harrison, George	20	B	Mamie	Va.
55	Harris, Alexander	30	Mu		Ga.
56	Calwell, Peter	40	B		Va.
57	Roberts, Thomas	21	B		Ga.
58	Slater, Joseph	21	B	Mary	S.C.
59	Tolford, Bettle	40	B	Fannie	Ga.
60	Weekey, Sigh	70	B	Emily	Tenn.
61	McFarlin, Lizzie	18	B		Ala.
62	Minor, George	29	B		Ga.
63	Jones, District	23	B		Ala.
64	Bunell, Nathan	54	W	Elizabeth (44)	N.Y.
65	Crasby, Warren	28	B	Jane	Ala.
66	Dowthand, Dan	50	B	Isabell	Ga.
67	Jones, Bill	27	B	Mammie	Ga.
68	Woodson, John	25	B	Pruda	Ala.
69	Campbell, Henry	68	B	Sallie	Ky.
70	Sander, John	30	B	Fannie	Va.
71	Rella, Ed	28	B	Eliza	Tenn.
72	Murry, Mitchell	18	B		Ga.
73	Neusin, Charles	28	B		Ga.

Household No.	Head of Household	Age	Race	Wife	Head of Household born
74	Studeman, William	26	B	Mary	N.C.
75	Clayton, Silineta	50	B	Mary	Ga.
76	Brown, Dick	35	B		Tenn.
77	Mitchell, Charlie	43	B	Linda	Ga.
78	Roddy, Lizzie	25	B		Ga.
79	Moses, Thomas	30	Mu		Ga.
80	Nowland, John	30	B	Julia	Va.
81	Jackson, Ed	27	B	Ella	N.C.
82	Wilder, John	22	B		Va.
83	Key, Spencer	60	B	Rosa	Ala.
84	Ford, Richard	22	B	Mary	Ga.
85	Horton, Dan	28	B	Sallie	Tenn.
86	Smith, Green	49	W	Sarah	Tenn.
87	Shade, Robert	30	Mu	Maggie	Ala.
88	Bradford, Amanda	30	B		Va.
89	Hogan, George	25	B		Tenn.
90	House, Calib	33	B	Eliza	N.C.
91	Wilkey, Ed	26	B	Malinda	Ala.
92	Roddy, Alecy	37	B		Ga.
93	Jones, Robert	27	B	Elza	Ga.
94	Pulham, Ben	19	B		Ga.
95	Jones, Bat	22	Mu	Frances	S.C.
96	Hancock, _____	30	W	Sallie	Ga.
97	Pool, Lonard(?)	40	W	Martha	S.C.
98	Fairhe, May	40	W		Ireland
99	Gory, John	45	W	Kate	Ireland
100	Varnes, William	40	W	Camelia	Ga.
101	McBee, Lemuel	22	W	Marth	Ga.
102	Allison, Henry	26	W	Lucy	Ga.
103	White, Amsbray	23	W	Alace	Ga.
104	Lacky, Wiley	25	W	Tenny	Ga.
105	Reed, Joe	55	B	Celia	Ala.
106	Miller, Henry	40	B	Harriet	Va.
107	Davis, Sol	25	B		N.C.
108	Shanklin, Sam	34	B	Mollie	N.C.
109	Wallice, Rich	30	B		Ga.
110	Cunington, John	26	B		Tenn.
111	Baker, Dock	21	B		Tenn.
112	Coal, Peter	21	B		Tenn.
113	Hibls, George	37	W	Naoma	Tenn.
114	Hoopper, Yancy	25	B	Anna	Ala.
115	Johnson, Hascom	28	B		N.C.
116	Blair, Ruben	24	B		Va.
117	Jones, Henry	35	B	Yuene	Va.
118	Willson, William	27	B	Elizabeth	Va.
119	Pasmer, James	25	B	Anna	Ky.
120	McCan, Frank	20	B	Elisabeth	N.C.
121	White, Susan	34	B		Va.
122	Dowling, John	28	W	Kate	Ohio
123	Daniel, John	26	W	Janie	Va.
124	Rhea, Elmira	52	W		Tenn.
125	Felkin, William	22	W		Tenn.
126	Slaughter, Henry	29	B		N.C.
127	Steuart, James	42	W	Emma	N.C.
128	Rairden, John	32	W	Hanna	Ga.
129	Hide, William	35	W	Highley	N.C.
130	Oconer, Frank	30	W	Susan	N.C.
131	Davis, Clay	25	B	Jane	Tenn.

Household No.	Head of Household	Age	Race	Wife	Head of Household born
132	Watson, Henry	29	B		Ga.
133	Chanig, Bussell	26	B	Maggie	Ga.
134	Rogers, Pete	25	B	Carrie	Ga.
135	Coleman, Yuin	24	B	Jennie	Ga.
136	Pope, William	40	B	Margaret	Va.
137	Thomas, Dick	40	B		Ga.
138	Willson, Dan	25	B		Ga.
139	Jordan, Henry	30	B	Mary	Tenn.
140	Howard, Harrison	30	B		Ga.
141	Anderson, Peter	25	B	Mollie	Va.
142	Johnas, Malica	45	B		Ga.
143	Webster, Martin	29	B		N.C.
144	Brook, Low	25	B		Tenn.
145	Kimis, Ginnis	30	B		Va.
146	Sutton, Charlie	23	B	Linda	Ga.
147	Wiseman, James	20	B		Ga.
148	Anderson, Anna	50	B		S.C.
149	Jackson, Abe	26	B	Vina	Ala.
150	Bell, Sam	25	B		Ga.
151	Hoskin, Ed	28	B	Vina	Ga.
152	Henry, Elisz	36	W		S.C.
153	Trotter, Henry	25	B	Julia	N.C.
154	Fleming, Jack	35	B	Jaine	Ga.
155	Wallace, Emma	18	B		N.C.
156	Fleming, Wiley	30	B		Ga.
157	Willson, Thomas	26	W	Julia	S.C.
158	Willson, Frances	55F	W		S.C.
159	Milor, George	40	W	Sarah	Ga.
* 160	Sharp, Martha	35	B		Tenn.
161	Smith, Alexander	66	W	Nancy (50)	Va.
162	Midcaff, Luis	24	W	Georgia	Ga.
163	Chaimbers, Larance	24	W	Nannie	Tenn.
164	Midcaff, Francis	41	W	Mary	Tenn.
165	Ram, John	25	W	Mammie	Ga.
166	Holfield, Henry	25	B	Jane	Ga.
167	Reed, Joe	22	B	Malinda	Tenn.
168	Jackson, Julia	25	B		Tenn.
169	Semme, Anderson	26	B	Lizzie	Tenn.
170	Davidson, Alex	31	B		Ga.
171	Jones, John	17	B	Alace	N.C.
172	Bagwell, Benj	40	B		Tenn.
173	Harni, Isac	26	B		Ga.
174	Daniel, Barbara	35	W		Ga.
175	Carsin, Eli	27	W	Jennie	Ga.
176	Griffin, Disa	20	B		Tenn.
177	Bradford, Jennie	20	B		Tenn.
178	Walace, Surseptha	39F			Tenn.
179	Everett, George	25	B	Sophia	Ga.
180	Reece, Clarance	25	W		Ala.
181	Clyar, Louis	25	W		Tenn.
182	Bradford, Alec	30	B	Malinda	Tenn.
183	Majors, Elita	55	W	Sue (45)	Ala.
184	Watson, James	22	B	Sue	Pa.
185	Gibson, Nathan	21	B		Va.
186	Williams, Horace	28	Mu	Sallie	Va.
* 160	Shorter, Henry	30	B	Susan	Tenn.

Household No.	Head of Household	Age	Race	Wife	Head of Household born
187	Davis, Sol	26	B		Ala.
188	Mahan, Charlie	16	B		Ala.
189	Danice, Bob	25	B	Manda	Tenn.
190	Hall, Henry	30	B		Ga.
191	Whitices, Sol	32	W	Anna	N.C.
192	Walters, John	32	W	Mary	Ireland
193	Ridly, James	35	W	Bettie	S.C.
194	Ridley, Lee	27	W	Artemis	Ga.
195	McBy, William	24	W	Mary	Ga.
196	Tidwell, Elvira	46	W		S.C.
197	Logan, Joe	26	B	Lou	Va.
198	Cowart, James	34	W	Josephine	Ga.
199	Turner, Joe	35	B	Jane	Ala.
200	Pangle, Andy	30	W	Mary	Tenn.
201	Rusey, James	30Phy.	W	Fannie	Tenn.
202	Nathenist, John	62	W		England
203	Sharp, Richard	22	B		Tenn.
D204	McKaig, Frank	23	W	Frances	Ga.
204	Moss, Charlie	21	B		Tenn.
205	Bryant, Dock	51	W		Ala.
206	Carson, Joseph	68	W	Margaret	S.C.
207	Carson, Maim (?)	41M	W	Louisa (36)	S.C.
208	McKaig, Lina	79	W		N.C.
209	McKaig, Boon	34	B		Ga.
210	Millican, Andy	61	W	Tisha(55-sister)	Ga.
211	Benton, Malica	56F	W		Ga.
212	Dotson, Sam	36	W	Nancy	Tenn.
213	Carson, Cass	29	W	Malia	Ga.
214	Walice, Collumbus	21	W	Sumanthy	Tenn.
215	Bron, Lemuel	53	W	Sarah (50)	S.C.
216	Bron, Rufus	21	W		Ga.
217	Gatlin, Jess	27	W	Milley	Ga.
218	Fry, Drew	34	W	Saryan	Ga.
219	Dun, James	40	W		Ireland
220	James, Albert	28	W	Sarah	Ga.
221	Cox, John	28	W	Elisabeth	Ala.
222	Allen, Robert	30	W	Sarah	Ga.
223	Ballinge_, Wash	28	W	Ila	Tenn.
224	McBryar, Alford	45	W	Holly	N.C.
225	McBryar, Bob	27	W	Emeline	Ga.
226	Rairdon, Jerry	62	W	Julia	Ireland
227	Euell(?), Green	36	W	Meca	Ga.
228	Hartline, Jesse	24	W		Ga.
229	Doss, John	60	W	Sallie (50)	Ga.
230	Doss, Isaac	28	W	Rosa	Tenn.
231	Allison, Sam	24	W	Nannie	Ga.
232	Allison, William	30	W	Mary	Ga.
233	Ridly, Hamton	53	W	Elisebeth (42)	N.C.
234	Whitehead, Palestine	21	W		Ga.
235	Ridly, Alford	24	W	Mot	Ga.
236	McClenden, George	67	W	Jane (60)	Ga.
237	Crow, Sallie	37	W		Ga.
238	Jones, Will	21	B		Ala.
239	Andrews, May	30	W		Ga.
240	Hale, John	30Attny		Kate	Ga.

Household No.	Head of Household	Age	Race	Wife	Head of Household born
241	Dikes, John	41	W	Lethaan	Pa.
242	Elrod, William	22	W	Manda	Ala.
242	Hale, Mark	39	W	Olla	Ga.
243	Hale, Matilda	51	W	Sister of #242 Mark	Ga.
244	Forester, Colender(?)	42	W	Eliza(41) Hale	Ga.
245	Scruggs, James	29	W	Nannie	Ga.
246	Scruggs, John	60	W	Polly (58)	Ga.
247	McQuertis, Sam	23	W	Matilda	Ga.
248	Hale, Shade	61	W	Sarah (50)	Tenn.
249	Cooper, Fletcher	28	W	Mary	Tenn.
250	Guinn, Covington	64	W	Eveline (55)	Tenn.
251	Guinn, Solen	32	W	Sarah	Tenn.
252	Coleman, Joseph	61	W	Sarah (45)	Ky.
253	Dudley, Christopher	32	W	Catherin	Ala.
254	Stovall, Eujene	31	W	Mattie	Ga.
255	Breuer, John	64	W	Julia (47)	N.C.
256	Blevins, Em	26	W	Malinda	Ga.
257	Cureton, John	30	W	Nannie	Ga.
	(also Cynthia Ramsey 70-native				
258	Anderson, Nancy	44	W		Tenn.
259	Casellary, Mark	81	W	Margaret (dau-50)	Tenn.
260	Long, Malicie	39	W		Tenn.
261	Johnson, Jef	30	W	Sarah	Ga.
262	Bohanen, Colens	21	W	Martha	Ala.
263	Wallace, John	29	W	Manda	Ala.
264	Mifford, Mocajar	37	W	Mayjane	Tenn.
265	Coleman, Stewart	55	B	Martha	Ga.
266	Street, Malinda	24	B		Ga.
267	Ketchercide, Enoch	36	W	Eliza	Ga.
268	Fricks (?), Flaums(?)	40	W	Hattie	Ga.
269	Caselbary, Hyrum	56	W	May (48)	Ga.
270	Keath, Calvin	32	W	Sarah	Ga.
271	Long, Asa	30	W	Sarah	Ga.
272	Espy, Robert	38	W	Pasmelia	Ga.
273	Cureton, James	54	W	Nancy	Tenn.
274	Long, Fokout	27	W	Jane	Tenn.
275	Payne, Hade	30	W	Nettie	Ga.
276	Long, John	52	W	Matilda (50)	Ga.
277	Blevins, Gaynes	26	W	Malica	Ala.
278	Bryant, James	23	W	Juda	Ga.
279	Payne, Larkin	63	W	Jane (61)	Tenn.
280	Mose, An	38F	W		Tenn.
281	Perkins, John	54	W	Marthy Jane	Tenn.
282	Mayo, David	80	W	Elmirah (71)	Tenn.
283	Gemul(?), William	30	W	Julia	Tenn.
284	Reeves, Dock	34	W	Charlotte	Ga.
285	Case, Lenard	29	W	May Jane	Ga.
286	Brown, Andy	53	W	Marthy (50)	Tenn.
287	Snodgrass, Benjamin	32	W	Matilda	Ga.
288	Crage, Mohalial	45F	W		Tenn.
289	Brown, James	25	W	Sela	Tenn.
290	Gifford, William	67	W	Elisabeth (38)	Ga.
291	Cartwright, Parthenia	68F	W		Tenn. or Ky.
292	Wilkinson, Malinda	64F	W		Ky.
293	Brown, Joe	30	W	Sallie	Ala.

Household No.	Head of Household	Age	Race	Wife	Head of Household born
294	Gifford, John	27	W	Margaret	Ga.
295	Maxwell, Mose	47	W	Eliseabeth	Ga.
296	Wilkinson, Luke	40	W	Maryan	Tenn.
297	Caselbary, Ca(?)	53	W	Catherine	Ga.
298	Tatum, Casper	52	W	Mattie	Ga.
299	Wallace, William	22	W	Susan	Ala.
300	Wallace, William	45	W	Lucy	Tenn.
301	Tramel, Thomas	36	W	Oslenia	N.C.
302	Bookout, James	26	W	Eddie	Ala.
303	Steel, Tobe	21	W	Eliseabeth	Ga.
304	Case, Henry	24	W	Louisa	Tenn.
305	Cureton, George	29	W	Mattie	Ga.
306	O'Neal, John	62	W	Mary (37)	Ireland
307	Forester, Ed	49	W	Bettie	Tenn.
308	Wakefield, Silus	70	W	Saryan (44)	Tenn.
309	Dickerson, William	35	W	Easter	Tenn.
310	Pricket, Wassen	28	W	Mary	Ga.
311	Wood, Lowands	64	W	Mary (35)	Ala.
312	Hill, Aldy	20	W		Ga.
313	Page, William	22	W	Pairlee	Ga.
314	Page, Edward	55	W	Halia	Ga.
315	Crage, Eli	56	W	Judia	Tenn.
316	Crage, James	76	W	Anna (76)	N.C.
317	Moses, William	37	W	Nancyan	Ga.
318	Thomas, Meridith	36	W	Anna (Mother-61)	Tenn.
319	Crage, Isac	49	W	Nancy	Tenn.
320	Stewart, Mary	60	W		Tenn.
321	Stewart, Alexander	40	W	Hussey	Ga.
322	Stewart, George	42	W	Mary	Ala.
323	Bryant, Elilea	48	W	Stacey	Ga.
324	Stewart, William	39	W	Manervia	Ga.
325	Long, John	26	W	Easter	Ga.
326	Long, Cass	56	W	Alvina (50)	Ala.
327	Cooput, Julus	52	W	Amanda (45)	France
328	Guess, Josiah	34	W	Sarah (30)	Ga.
329	Ticker, Smith	48	W		Ga.
330	Ticker, Abe	72	W		Tenn.
331	Bryant, Bray(?)	55	W	Mary	Ga.
332	Pricket, Silus	63	W	Casoline (67)	Ga.
333	Thurman, Wesly	57	W	Elen (57)	Ga.
334	Tatum, Pera	56	W	Bettie (50)	N.C.
335	Potter, Sarah	70	W		Tenn.
336	Hauem, James	48	W		Tenn.
337	Morgan, Jane	40	W		Ala.
338	Hastline, John	53	W	Adaline	Ga.
339	McQuesten, Andersen	43	W	An (40)	Ga.
340	Wallrauem, Virgal	28	W	Sarah	Ala.
341	Moreland, Thomas	41	W	Mary (26)	Tenn.
342	Moreland, Margaret	36	W		Tenn.
343	Beckham, Elija	22	W	Harriet	Ga.
344	Byrd, George	23	W	Sarah	Ala.
345	Byrd, William	31	W	Patsy	Ala.
346	Hastline, Thomas	30	W	Mary	Ga.
347	Small, Richard	49	W	Mary	Tenn.

Household No.	Head of Household	Age	Race	Wife	Head of Household born
348	Cook, Lem	39	W	Mary	Ala.
349	Wade, Edward	21	W	Louisa	Ga.
350	Jones, Asa	68	W	Malinda (39)	Ga.
351	Linch, Erastus	71	W	Susan (57)	Tenn.
352	Jones, Alonzo	29	W	Caroline	Ga.
353	Baker, Henry	41	W	Thersa (33)	Miss.
354	Tatum, Webb	29	W	Lou	Ga.
355	Tatum, Clayton	28	W	Lucy	Ga.
356	Oliver, James	47	W	Jane(?)	Tenn.
357	Forester, John	20	W	Maggie	Ga.
358	Forester, Edward	47	W	Betsey	Ga.
359	Forester, Elita	47	W	Louisa (46)	Ga.
360	Tatum, Robert	30	W		Ga.
361	Slayton, Benjamin	71	W	Jane (67)	Ga.
362	Slayton, John	24	W	Laura	Ala.
363	Tatum, Elita	22	W	Mary	Ga.
364	Goff, William	67	W	Mary	Ga.
365	Goff, William	22	W	Lucey	Ga.
366	Goff, Thomas	35	W	Helen	Ala.
367	Ross, Dan	21	W	Becka	Ga.
368	Ross, Marion	32	W	Elen	Ga.
368D	Ross, William	65	W	Mary (55)	Ga.
369	Ross, John	30	W	Bell	Ga.
370	Lewis, Frank	36	W	Sarah	Ga.
371	Forester, Peter	54	W	Lucy (46)	Ga.
372	Brogdon, Pullock	27	B	Nancey	Ga.
373	Walker, Alexander	36	B	Cary	Ga.
374	Horton, Joe	27	B	Chassie	Ga.
375	Hammock, William	28	W	Mary	Ga.
376	Stephens, Galatin	70	W	Chancey (72)	S.C.
377	Bibles, Rices	38	W	Mary	Tenn.
378	Hammock, John	27	W	Eveline	Ga.
379	Blak, Rufus	51	W	Olave (43)	Tenn.
380	Bush, Oliver	25	W	Marthy	Ala.
381	Frizzell, Luke	38	W	Sarah (36)	Tenn.
382	Scelds, John	29	B	Sallie	Ga.
383	Alexander, Charlie	38	W	Rosa	Tenn.
384	Hase, Andy	28	B	Mandy	N.C.
385	Dobes, John	25	B	Anna	Ga.
386	Scrugg, William	30	W	Julia	Ga.
387	Hancock, Thomas	20	W	Nancy	Ga.
388	Nix, John	40	W	Ella	Ala.
389	Smith, Henry	64	W	Lou (48)	N.C.
390	Parker, William	29	W	Eliseabeth	Ala.
391	Harthme, Alex	65	W	Nancey (62)	N.C.
392	Harthme, James	31	W	Jane	Ga.
393	O'Neal, George	22	W	Nancey	Ga.
394	O'Neal, Reede	24	W	Julia	Ga.
395	Thurman, William	30	W	Eliza	Ga.
396	Leauyette, Rebun	60	W	Helen	N.Y.
397	Murphy, John	45	W	Germina	Ohio
398	Johnson, Henry	52	W	Elisebeth (48)	Ga.
399	Dean, Sam	45	W	Caroline	Tenn.
400	Fisa, John	36	W	Mary	Ga.

Household No.	Head of Household	Age	Race	Wife	Head of Household born
401	Nisbet, John	41	W	Henine (36)	Ga.
402	Bloom, John	39	W	Mary	Sweden
403	Espey, Alford	38	W	Smithey	Ga.
404	Nesbet, James	40	W		Ga.
405	Byrd, James	34	W	Eliseabeth	Ga.
406	Amos, El	40	W	Sarah	Ga.
407	Taylor, William	58	W	Mollie	Tenn.
408	Lewis, Newton	33	W	Margaret	Tenn.
409	Stephens, Dise	60	W	Mary (55)	S.C.
410	Amos, Arch	35	W	Sarah	Ala.
411	Muligan, Thomas	36	W		Va.
412	Henderson, Sam	28	B		Tenn.

McMahan District (#1037)

Household No.	Head of Household	Age	Race	Wife	Head of Household born
1	Killian, Noah	51	W	Nancy (45)	Tenn.
2	Sutton, Howard	27	W	Ella	Ga.
3	Sells, Alexander	53	W	Mary J.	Tenn.
4	Smith, Henry	18	W	Allice	Ala.
5	Smith, Joseph	37	W	Narcissa A.	Ga.
6	Smith, William	36	W	Caroline	Ga.
7	Morrison, Harriett	52	W		N.C.
8	Martin, Humphrey	30	W	Josephine	Ala.
9	Johnson, Samuel	37	W	Caldonia	Tenn.
10	Pressrell, Enoch	34	W	Sarah	Tenn.
11	Knox, Thenia	35F	B		Ga.
12	McMahan, John	39	W	Jane C.	Ala.
13	Taylor, Rubin L.	72	W	Malda N.	Ky.
14	Smith, Nathan C.	35	W	Margarett J.	Ga.
15	Richmon, Robert	57	W		Tenn.
16	Derberry, William	30	W	Lucinda	Ga.
17	Pace, Jermiah G.	50	W	Susan V.	N.C.
18	Taylor, Zachariah	38	W	Nancy E.	Ga.
19	Wilson, Mary C.	45	W		Ga.
20	Hughes, John	52	W	Louisa (53)	Tenn.
21	Hughes, Thomas	29	W	Sallie E.	Tenn.
22	Avans, Thomas	24	W	Sarah E.	Tenn.
23	Fowler, John P.	26	W	Mary E.	Ga.
24	Atkins, James S.	36	W	Uruline M.	Ga.
25	Manlie, Margarett	48	W		N.C.
26	Tittle, William	33	W	Caldonia A.	Ga.
27	Evans, William	45	W	Mary U.	Ga.
28	Waddel, Phelix	40	W	Saphrona E.	Ga.
29	Frizzell, Samuel	49	W	Mariah A.	Tenn.
30	Hughes, James M.	23	W	Sarah E.	Ga.
31	Jones, George W.	49	W	Dicy M.	Ga.
32	Harris, William	40	W	Jane M.	Tenn.
33	Stedman, Homer	27	W	Amanda S.	S.C.
34	Shaw, James	39	W	Nancy E.	S.C.
35	Jones, George W.	20	W	Nancy J.	Tenn.
36	Wade, Eliza J	48	W		Tenn.
37	Fulghum, William	36	W	Emily E.	Ga.
38	Fowler, Alfred M.	54	W	Nancy E. (42)	S.C.
39	Moreland, Henry H.	40	W	Elizabeth A.	Tenn.
40	Sanders, John F.	21	W	Nancy	N.C.
41	Acuff, Robbert W.	58	W	Phebie A. (38)	Tenn.
42	Lee, John	30	Mu	Martha J. (29)	Ga.
43	Tatum, Marion A.	35	W	Ann J.	Ga.
44	Bates, James A.	81	W		Va.
45	Wheller, Thomas B.	30	W	Martha J.	Ala.
46	Acuff, John F.	25	W	Charlsie M.	Tenn.
47	Killian, Mary P.	51	W		Ga.
48	Acuff, James R.	31	W	Elizabeth L.	Tenn.
49	Cox, Solomon G.	35	W	Nancy	Ga.
50	McColum, Geoab	72	W	Sarah A. (54)	S.C.
51	Killian, Nancy	46	W		Ga.
52	Hanah, John M.	21	W	Mariah E.	Tenn.
53	Jones, Robbert	55	W	Jinnie	Tenn.
54	Wills, (Wells) William	62	W	Ruth (52)	Ohio
55	Austin, Andrews, J.	25	W	Alice	Ga.
56	Jones, William	29	W	Francis	Ga.

Household No.	Head of Household	Age	Race	Wife	Head of Household born
57	Northcutt, Alexander	27	W	Jennie	Ga.
58	Tittle, David	29	W		Ga.
59	Millerd, Watson C.	40	W	Martha	N.Y.
60	Holly, Clesone	25	W	Nancy	Ala.
61	Nave, John	32	W	Elizabeth	Tenn.
62	Bell, Nimrod J.	51	W	Nancy G.	S.C.
63	Freeman, Gus	26	B	Allice	Ga.
64	Richman, Asbery	50	W	Phebie A.	Tenn.
65	Morgan, Ruel A.	53	W	Larah A. (48)	S.C.
66	Tittle, Pompie A.	62	B	Mary W.	Tenn.
67	Chambers, William	45	W	Sarah	Ga.
* 68	Cross, Alfred	77	W		Ky.
69	Cross, Benton T.	36	W	Nancy C.	Tenn.
70	Carroll, William G.	29	W	Jane C.	Tenn.
71	Clark, John	30	W	Anna	Ga.
72	Suttle, Andrew	28	B	Sarah A.	N.C.
73	McDaniel, Alexander	29	W	Martha E.	Ala.
74	Cross, William	47	W	Didana	Tenn.
75	Cross, George T.	18	W	Sarah A.	Ga.
76	Burkhart, William	21	W	Mary A.	Ga.
77	Burkhart, Anderson	30	W	Mary J.	Tenn.
78	Burkhart, Emaline	52	W		Tenn.
79	Wood, William	46	W	Pauline A.	Tenn.
80	Snyder, Elyas	52	W	Sarah A.	Pa.
81	Carroll, George	60	W	Elizabeth J.	Tenn.
82	Pope, Mitchell	49	W	Hallie	Tenn.
83	Pope, Le	36	W	Penelephy	Tenn.
84	Partin, Pleasant H.	26	W	Catherine	Ala.
85	Townsand, Johnson	64	W	Rebeca C. (49)	Tenn.
86	Higgins, John	39	W	July L.	Tenn.
87	Cagle, William	27	W	Emma O.	Ala.
88	Patterson, Jonathan	55	W	Elizabeth	N.C.
89	Louellyn, William	50	W		Tenn.
90	Lee, Robbert	47	W	Matilda A.	Tenn.
91	Cravens, Jesse	37	W	Mary E.	Tenn.
92	Liles, William	24	W	Jane A.	Ga.
93	Russel, Aaron	67	W	Mary F. (48)	Va.
94	Shamblin, Archibald	73	W	Martha E. (65)	N.C.
95	Johnson, Samuel	42	W	Rachel E.	Tenn.
96	Powell, John T.	27	W	Emily L.	Ga.
97	Cole, Dock E.	54	B	Adline	Ga.
98	Stevens, Noah	26	B	Martha J.	Ala.
99	Parris, Louisa	41	W		Ga.
100	McGill, William	66	W	Nancy A. (64)	Tenn.
101	Tittle, Thomas	26	W	Sarah	Ga.
102	Johnson, John	23	W	Sarah J.	Ala.
103	Parris, Robbert N.	68	W	Elizebeth (63)	Tenn.
104	Liles, Cavan C.	52	W	Nancy L. (46)	N.C.
105	Deakins, Steven R.	46	W	Ida	Tenn.
106	Ford, Jane R.	45	W		Ga.
107	Ford, Jesse K.	20	W	Dausy M.	Ala.
108	Tittle, Peter	63	W	Sarah (58)	Tenn.
109	Tittle, John	61	W	Polly (50)	Tenn.
110	Nabors, Benjamin	55	W	Hariett (61)	Tenn.
* 68	(Duplicate) Stoveall, Ferdinand	22	Mu	Lucy	Ga.

Household No.	Head of Household	Age	Race	Wife	Head of Household born
111	Watkins, John	46	W	Mary	Tenn.
112	Walen, Hugh	47	W	Martha	Tenn.
113	Johnson, Jefferson	39	W	Susan	Ala.
114	Martin, Dabney	58	W	Elizebeth E. (50)	Tenn.
115	Bagewell, Richard B.	34	W	Louisa	Ga.
116	Roe, Gale	43	W	Nancy M.	S.C.
117	Hixon, Wesley	29	W	Fannie S.	Ga.
118	Powell, William E.	31	W	Sarah A.	Ga.
119	Ellis, Daniel E.	28	W	Judie A.	Tenn.
120	Kelly, Joseph	42	W	Tiney	Tenn.
121	Hooke, Tul	50	Mu	Charlottie	Tenn.
122	Redding, Samuel	40	W	Nancy	Ga.
123	Scott, Samuel H.	30	B	Louvenia	S.C.
124	Hixon, George	25	W	Martha	Ga.
125	Kelsoe, James	25	B	Emma	Tenn.
126	Coate, Thompson	65	W	Caroline (64)	Ky.
127	Holmes, Calvin	51	W	Emily C.	Ala.
128	Fulghum, Elizebeth	68	W		S.C.
129	Fulghum, George	33	W	Easter A.	Ga.
130	Stedman, Mary	40	W		Tenn.
131	Ellis, George W.	32	W	Sarah E.	Ga.
132	Hopkins, Frank	33	W	Mariah	Tenn.
133	Jackson, Collumbus	54	W	Sarah	N.Y.
134	Holmes, Thomas C.	26	W	Anna	Ga.
135	Taylor, Canzada	29	W		Ga.

District 1, Trenton

Household No.	Head of Household	Age	Race	Wife	Head of Household born
1	Sherrill, Abel W.	54	W	Mary E. (47)	Tenn.
2	Crabtree, John T.	38	W	Mary M.	Tenn.
3	Douglass, George	24	B	Sarah	Tenn.
4	Keeth, Rufus S.	60	W	Jenny B. (22)	Tenn.
5	Harget, Johnson	86	W	Mary (76)	N.C.
6	Douglass Samuel J.	27	W	Margaret J.	Ga.
7	Blevins, James W.	51	W	Elizabeth	Tenn.
8	Howard, Alfred L.	37	W	Mary A.	Ala.
9	Cox, John R.	31	W	Mary A.	Tenn.
10	Stringer, John F.	48	W	Tennessee A.	Tenn.
11	Cole, Thomas H.B.	38	W	Lucy J.	Ga.
12	Jacoway, John G.	61	W	Elizabeth A. (49)	Ky.
13	O'Neal, James A.	39	W	Violet C.	Ga.
14	McTeer, Canors	28	W	Eva M.	Tenn.
15	Williams, Gerome B.	39	W	Sarah E.	Tenn.
16	Martin, John	40	W	Jennie	Ga.
17	Kizer, Joseph H.	39	W	Rebecca	Indiana
18	Jacoway, John P.	25	W	Carrie L.	Ga.
19	Robertson, Thomas H.	32	W	Louisa	Scotland
20	O'Neal, Thomas J.	41	W	Violet M.	Ga.
21	Nethery, William F.	48	W	Mary E.	Tenn.
22	Pace, Benjamin F.	55	W	Amanda C.	N.C.
23	Caremical, George	67	B	Mariah (42)	Ga.
24	Barnes, Albert	27	W	Sallie	Tenn.
25	Allison, Hugh L.W.	58	W	Mary A.	Tenn.
26	Taylor, Emma	46	W		Ala.
27	Jobe, William R.	45	W	Mary A.	Tenn.
28	Patterson, John S.	29	W	Emma	Ga.
29	Pearson, Henry	52	Mu	Mary	Va.
30	Hodge, Alexander	25	B	Ella	Tenn.
31	Weaver, Joseph	27	B	Ida	N.C.
32	Williams, Robert	36	B	Anna	Va.
33	Morgan, William M.	29	W	Martha	Ga.
34	Jacoway, William U.	34	W	Mary	Tenn.
35	Lee, Martha J.	50	W		Ga.
36	Foster, William O.	36	W	Roann	Va.
37	Verkins, William H.	38	W	Martha C.	Ga.
38	Haney, Jourdon	28	W	Mary A.	Ga.
39	Smith, James C.	36	W	Samantha F.	Tenn.
40	Case, James A.	39	W	Lenanzy	N.C.
41	Carter, Robert	28	W	Sarah A.	Tenn.
42	Wilkerson, Lennie	25	B		Tenn.
43	Woolbright, Joseph T.	30	W	Carrie L.	Ga.
44	Cuzzort, John	34	W	Cely	Ga.
45	Payne, Benjamin F.	32	W	Martha M.	Tenn.
46	O'Neal, Zachariah	80	W	Cathrine (70)	S.C.
47	Lemmons, James	28	W	Zllphia C.	Ga.
48	Majors, Benjamin P.	30	W	Sue	Ala.
49	O'Neal, Mary A.	51	W		Tenn.
50	Hart, Manerva E.	46F	W		Tenn.
51	Carrell, James F.	40	W	Valeria H.	Ga.
52	Nichols, McKenzie	45	W		Tenn.
53	Dodson, George W.	40	W	Naomy S.	Ga.
54	Wakefield, William P.	43	W	Jane M.	Tenn.

Household No.	Head of Household	Age	Race	Wife	Head of Household born
55	Morgan, Ibby	60	W		Tenn.
56	McMahon, John	80	B	Elizabeth (50)	Tenn.
57	McClean, Andrew	60	W		Scotland
58	Smith, William G.	28	W	Lucinda C.	Ala.
59	Perry, Thomas	59	W	Lavicia	Ireland
60	O'Neal, John W.	44	W	Nansy J.	Ga.
61	Stephens, Shadric	65	W	Manerva (60)	Tenn.
62	Daniels, Miligan C.	42	W	Mary	Ga.
63	Jenkins, James G.	34	W	Adeline E.	Tenn.
64	Highfield, J.A.	44	W		Ga.
65	Wilkerson, John B.	45	W	Sallie E.	Tenn.
66	Sunderland, William	63	W	Nansy (43)	Ga.
67	Stephens, James	33	W	Cinthia A.	Ga.
68	Castlebery, Uriah	57	W		Ga.
69	Rains, John W.	25	W		Ga.
70	Sells, Solomon	64	W		Tenn.
71	Sells, John B.	22	W	Margaret E.	Tenn.
72	Maxwell, George	27	W	Eveline	Ga.
73	Sitton, George W.	46	W	Pruciller V.	N.C.
74	Sitton, Jacob	71	W	Ann (73)	Tenn.
75	Sells, James F.	27	W	Emeline	Ga.
76	Tinker, William M.	49	W	Martha J.	Tenn.
77	Gifford, George W.	24	W	Nancy L.	Ga.
78	Rodgers, Daws H.	34	W	Mary A.	Tenn.
79	Tinker, Mary A.	48	W		Tenn.
80	Salmons, Nancy A.	46	W		Tenn.
81	Jenkins, Elizabeth H.	44	W		Tenn.
82	Williams, John W.	20	W		Tenn.
83	Ross, Jane S.	75	W		N.C.
84	Case, Charles	46	W	Eliza J.	Tenn.
85	Brock, William E.	48 Phy.	W	Nancy M.	Ga.
86	Green, Jacob	61	W	Stacy E. (55)	S.C.
87	Stewart, Lucy	74	W		Ga.
88	Quinton, Jackson L.	39	W	Mary E.	Ga.
89	Quinton, Elizabeth	57	W		Ala.
90	Quinton, Sam K.	35	W	Mary A.	Ga.
91	Balloive, Robert	27	W	Sinthia	Tenn.
92	Anderson, Theodore M	44	W	Safronia E.	Ga.
93	Brock, Benjamin	83	W		N.C.
94	Harp, Margaret C.	39	W		Tenn.
95	Rodgers, William A.	53	W	Sarah C.	Ga.
96	Eason, Paul	23	B		Ga.
97	Broom, James M.	30	W	Rosey M.	S.C.
98	Bennett, Joseph A.	37	W		Tenn.
99	Pearson, Isacc	65	W	Martha J. (35)	Tenn.
100	Harris, Jessy J.	23	W	Mary J.	Tenn.
101	Rains, James	40	W	Tennessee	Ga.
102	Steel, Jacob	69	W	Cely (69)	Ky.

Mountain District

Household No.	Head of Household	Age	Race	Wife	Head of Household born
103	Beem, John	25	W	Milly	Tenn.
104	Gray, William H.	29	W	Sarah A.	Tenn.
105	Bradford, William J.	42	W	Nancy	Tenn.
106	Cox, John W.	55	W	Sabrina (55)	N.C.
107	Bradford, Joseph M.	20	W	Mary D.	Ga.
108	Bradford, Sarah J.	43	W		S.C.
109	Gray, John	45	W	Nancy (60)	Ga.
110	McKaig, Hugh	57	W	Emeline (58)	Tenn.
111	McKaig, Henry C.	33	W	Mary E.M.	Ga.
112	Fowler, Drewry A.	38	W	Virginia	Ga.
113	Warren, Lott	74	W	Nancy (47)	Ga.
114	Moore, Alexander	28	W	Margaret R.	Tenn.
115	Moore, John W.	32	W	Delia	Tenn.
116	Townes, Frank A.	48	W		New Hamp.
117	Buffington, Jacob	60	W	Adaline (46)	S.C.
118	Buffington, Frank	26	W	Sarah J.C.	Ga.
119	Barrier, Wade	40	W	Eliza J.	Ga.
120	Powell, Green O.	54	W	Martha E.	Tenn.
121	Boatman, Robert	72	W	Eda (68)	Tenn.
122	Boatman, William H.	39	W	Virginia L.	Ga.
123	Connally, Charles B.	62	W	Margaret (48)	Ga.
124	Mathews, Jackson M.	30	W	Ellen R.	Ala.
125	Forester, Harels	42	W	Francis	Tenn.
126	Lecroy, Thomas	64	W	Louiza C.	Ga.
127	Love, Thomas	51	W	Nancy J.	Ga.

PART V

Census Comparisons

COMPARATIVE CENSUS RECAPITULATIONS

	1860	1870
Total Population	3,075	3,037
Males	1,581	1,475
White	1,419	1,344
Other	3	129
Slave	159	--
Females	1,494	1,562
White	1,348	1,449
Other	1	113
Slave	145	--
Total declared Real Property	473,785	471,392
Total declared Personal Property	396,185	230,322
Attended School within the Year	366	373
Cannot Read (Adults)	301	416
Cannot Write (Adults)	301	618
Illiterate Males	120	--
Illiterate Females	181	--
Farmers	201	170
Farm Laborers	177	363
Miners	30	5
Railroad Workers	97	58
Other Occupation (males)	120	103
Foreign Born	55	15

HIGHEST PROPERTY VALUES REPORTED

1860

	Real Property			Personal Property	
1.	Tatum, Robert H.	$ 26,850	1.	Hawkins, James	$ 28,600
2.	Wilkinson, John B.	18,000	2.	Hanna, Alexander B.	15,000
3.	Paris, Robert M.	15,000	3.	Brock, Benjamin	13,000
4.	Payne, Larkin	12,500	4.	Paris, Robert M.	13,000
5.	Hanna, Alexander B.	10,000	5.	Rogers, Ephraim T.	10,190
6.	Tittle, George	10,000	6.	Fowler, Alfred M.	10,000
7.	Gross, Ephraim	9,000	7.	Cole, William I.	9,000
8.	Hawkins, James	8,000	8.	Sutton, Leroy	9,000
9.	Nesbet, John	8,000	9.	Russell, Henry A.	8,850
10.	Taylor, Reuben L.	8,000	10.	Gross, Ephraim	8,000
11.	Brock, Benjamin	7,000	11.	Mann, Emanuel	7,900
12.	Cole, William I.	7,000	12.	Taylor, Drucilla	7,500
13.	Derryberry, Milton	7,000	13.	Nesbet, John	6,500
14.	Sutton, Leroy	7,000	14.	Derryberry, Milton	6,000
15.	Tittle, David	7,000	15.	Hughs, Jesse	6,000
16.	Allison, Hugh	6,500	16.	McKaig, John	6,000
17.	Stephens, Galatin	5,200	17.	Tatum, Howell	5,400
18.	Bennet, Henry K.	5,000	18.	Doyel, E. C.	5,000
19.	Blevins, Jonathan	5,000	19.	Payne, Larkin	5,000
20.	Cureton, James W.	5,000	20.	Whitehead, Thomas	5,000
21.	Easley, Benjamin	5,000	21.	Cross, Joel	4,000
22.	Fowler, Alfred M.	5,000	22.	Wilkinson, John B.	4,000
23.	Tatum, Pierce A.	5,000			

HIGHEST PROPERTY VALUES REPORTED

1870

Real Property			Personal Property		
1.	Tatum, Robert H.	$ 25,000	1.	Nesbit, James A.	$ 18,500
2.	Payn_, Larkin	20,000	2.	Allison, Hugh H. L. W.	8,000
3.	Parris, Robert M.	14,000	3.	Howard, Alfred L.	7,400
4.	Nesbit, James A.	12,000	4.	Taylor, Clement C. R.	6,000
5.	Agent for Robert M. Hook	10,000	5.	Curton, James W.	5,000
6.	Tettle, Sarah	10,000	6.	Brock, Benjamin	4,000
7.	Sutten, Leroy	10,000	7.	Wilkinson, John B.	3,93
8.	Taylor, Rubin L.	9,000	8.	Clark, Benjamin	3,90
9.	Wilkinson, John B.	9,000	9.	Forester, Peter	3,5
10.	Pace, Benjamin F.	8,000	10.	Rogers, Ephraim T.	3,20
11.	Pope, Mitch	7,500	11.	Morgan, Rual A.	3,00
12.	Tatum, Pearce A.	7,500	12.	Jacoway, John G.	3,0
13.	Nesbit, James L.	7,000	13.	Case, James	3,00
14.	Morgan, Rual A.	7,000	14.	Stewart, William	2,75
15.	Tanner, Jane	7,000	15.	Stewart, George	2,75
16.	Coal, William J.	6,500	16.	Houston, George	2,50
17.	Nesbit, John W.	6,500	17.	Hanna, Alexander	2,50
18.	Forester, Peter	6,000	18.	Pace, Benjamin F.	2,50
19.	Hanna, Alexander	6,000	19.	Green, William	2,20
20.	Brock, William E.	6,000	20.	Tatum, Pearce A.	2,0
21.	Brock, Benjamin	6,000	21.	Townson, Jonson M.	2,00
22.	Sitton, Jacob	6,000	22.	Pope, Mitch	2,00
23.	Brown, Andrew	6,000	23.	Morgan, Thos. J.	2,00
24.	Andrews, Alexander	6,000			

INDEX

A

Acuff, 131, 180
Alexander, 33, 178
Alford (Alferd), 38, 77
Allen (Allin, Alan), 26, 38, 56, 82, 103, 108, 175
Allison (Alison), 8, 61, 88, 91, 108, 137, 168, 173, 175, 183, 189, 190
Aloss, 31
Amos (Ames), 55, 62, 82, 96, 109, 171, 179
Anderson, 37, 77, 88, 108, 121, 135, 174, 176, 184
Andrews, 164, 175, 190
Ashbourn, 132
Atkins, 20, 80, 82, 131, 180
Ausbon, 127
Austin, 14, 62, 88, 91, 106, 127, 132, 168, 180
Avans (see Evans)
Avoc, 4

B

Bacon, 45, 77, 131
Bagwell (Bagewell), 77, 174, 182
Bailey (Bayley), 28, 99, 170
Baisden, 114
Baker, 44, 66, 85, 143, 173, 178
Balkan, 171
Ballinger (Ballinge), 77, 175
Balloive, 184
Bannon, 132
Baphman, 31
Barker, 43
Barnard, 171
Barnes, 183
Barnett, 113
Barrier, 185
Barron, 91
Barsden, 121
Basden, 77
Basham, 146
Bass, 54
Bates, 52, 121, 180
Bausard, 172
Baxley (see Baxter)

Baxter, 77
Bay, 15
Beach, 15, 129
Beckham (Becham), 14, 15, 16, 77, 82, 99, 177
Beddo, 168
Beem, 185
Belenger, 102
Bell, 174, 181
Bemisol, 33
Benge, 82
Bennet (Bennett), 29, 77, 85, 128, 153, 154, 170, 184, 189
Benton, 88, 104, 175
Berkett, 130, 151
Berkhalter, 96, 134, 172
Bertan, 56
Besiden, 37
Biark, 162
Bible (Bibles), 94, 165, 178
Bice (Bise), 46, 80
Billips, 117
Bishop, 50
Black, 15, 101, 172
Blair, 173
Blak, 178
Blakely (Blakley), 150, 169
Blancherd, 135
Blaylock- 119
Blevins, 14, 17, 21, 22, 24, 25, 62, 77, 82, 85, 91, 95, 103, 104, 119, 172, 176, 183, 189
Bloom, 179
Blythe, 85, 121
Boatman, 82, 91, 162, 185
Bohannan (Bohanen), 15, 176
Bokern, 67
Bollinger, 20
Bond (Bonds), 80, 85, 107, 122
Booker, 33
Bookout, 177
Boston (Bostain), 31, 145, 169
Boulden, 82
Boyd, 145
Boyle (Boyles), 23, 119
Bowers, 102
Bowman, 66, 77, 88
Bradford, 53, 77, 85, 161, 163, 173, 174, 185

Brandon, 133, 163
Branham (Branum, Brannen), 12, 60, 88
Branllet, 58
Breur, 176
Brice, 172
Brinnly, 64
Brock, 3, 68, 80, 85, 91, 135, 184, 189, 190
Brogain, 109
Brogden, 178
Bron, 175
Brook, 174
Broom, 184
Brown, 7, 52, 53, 58, 77, 85, 97, 98, 112, 141, 147, 151, 155, 168, 169, 170, 173, 176, 190
Browning, 33
Bruce, 168
Brumlow, 77
Bryan, 88, 109
Bryant, 12, 20, 60, 77, 82, 88, 105, 106, 151, 175, 176, 177
Buck, 9, 10, 107
Buckner, 88, 114, 130, 137, 142
Buckwal, 117
Buffington, 185
Bulcher, 129
Bunell, 172
Burket, 85
Burkhart, 60, 181
Burkhaulter (see Berkhalter)
Burnet (Burnett), 14, 82, 168
Bush, 148, 170, 178
Butler, 104
Byrd, 177, 179

C

C____, 41
Cagle, 3, 51, 59, 88, 181
Caldwell (Calwell), 170, 172
Calhoun, 132
Calloway, 102
Cameron, 169
Camp, 172
Campbell, 168, 172
Canard, 88
Canon, 51
Cantrell, 172
Care, 112
Caremical, 183
Carmicks, 109
Carny (Carney), 47, 82, 122, 145, 165
Carr, 32
Carroll (Carrol, Carrell), 41, 74, 85, 181, 183
Carson (Carsin), 88, 174, 175
Carter, 66, 77, 183
Cartwright (Cartwite), 7, 49, 57, 58, 77, 88, 143, 176
Casady, 65
Case, 52, 74, 80, 85, 88, 91, 122, 133, 134, 165, 169, 176, 177, 183, 184, 190
Cash, 168
Castleberry (Caselbary, Casellary), 60, 74, 88, 91, 137, 138, 144, 176, 177, 184
Chadwick, 24, 169
Chaffin, 11
Chairs, 34
Chambers (Chaimbers) 113, 174, 181
Chanig, 174
Chastain, 45
Cheeves, 85
Childers, 88
Choate, 169
Christian, 172
Christopher, 82
Cilbore, 172
Clanton, 125
Clark (Clarke), 10, 18, 45, 80, 82, 85, 8, 114, 117, 181, 190
Clayton, 173
Clyar, 174
Clymer, 77
Coate, 182
Coats, 110
Cobb (Cob), 37, 43, 82, 112, 115, 116, 168, 172
Coin, 80, 85
Cole (Coal), 29, 70, 80, 85, 91, 118, 153 169, 170, 173, 181, 183, 189, 190
Coleman (Colman), 21, 105, 174, 176
Collins, 149, 165
Coney, 23
Connally, 185
Connor, 88
Cook, 82, 172, 178
Cooper, 21, 22, 24, 26, 27, 74, 77, 82, 8 94, 176
Cooput, 177
Coosay, 77

Corinton, 41
Corley, 85, 88
Cose, 168
Courter, 67
Countiss (Countess), 82
Cowan, 54, 85
Coward, 106, 175
Cox (Cocks), 31, 50, 119, 152, 164
    165, 175, 180, 183, 185
Crabtree, 183
Craig (Crage), 58, 64, 77, 139,
    176, 177
Crasby, 172
Cravens (Craven), 85, 181
Crawford, 169
Crockett, 130
Crosby, 82
Cross (Crosse), 6, 24, 37, 42, 44,
    45, 69, 72, 82, 85, 88, 113, 114,
    115, 119, 165, 181, 189
Crow, 175
Crumbley, 82
Cunington, 173
Cuntock, 73
Cureton, 59, 88, 91, 176, 177,
    189, 190
Curton, 135
Cusoder, 24
Cuzzens, 22
Cuzzort, 141, 183

D

Dabs, 169
Dael, 65
Dalton, 23
Danice, 175
Daniel, 52, 64, 82, 88, 98, 134, 140,
    162, 163, 173, 174
Daniels, 184
Davenport, 171
Davidson, 174
Davis, 38, 40, 54, 73, 77, 85, 91, 97,
    108, 116, 123, 139, 169, 171, 173,
    175
Deakins, 40, 88, 114, 181
Deal, 149
Dean, 136, 178
Debos, 127

Deman, 171
Dempsey, 82
Dennis, 51, 62
Denson, 4
Derryberry (Dereberry, Dereby, Derberry,
    Dearberry, Dearryberry, Dewberry,
    Deerberry), 9, 48, 50, 88
Dickens, 91
Dickerson, 106, 177
Dikes, 176
Dobes, 178
Dodge, 100
Dodson, 58, 85, 183
Donham, 106
Doss, 175
Dotson, 175
Dougan, 49
Douglass, 183
Dowling, 173
Dowthand, 172
Doyal (Doyl, Doyle), 21, 88, 119, 124,
    169, 170, 171, 189
Drake, 111
Dudley, 176
Dufty, 31
Dugan (Duggan, Duggin), 103, 152, 170
Dun, 175
Dunnissa (Dunmissa), 73
Durham, 19, 88
Dutton, 11

E

Earp, 6, 8, 9, 25, 44, 80, 82, 88, 89
Easley, 21, 23, 70, 71, 82, 189
Eason, 184
Eastin, 16
Easture, 34
Eaves, 152
Eller (Ellers), 38, 41, 106, 158
Ellis, 41, 80, 85, 97, 107, 182
Elliott, 168
Elrod, 176
Emery (Emry), 156
Espy (Espey), 96, 176, 179
Ester, 146, 150
Estis, 168
Euette, 172
Euell, 175
Eustus, 31

Evans (Avens), 21, 82, 127, 128, 160, 168, 180
Everett, 174
Exton, 31

F

Fairbanks, 48, 74
Fairhe, 173
Falls, 59, 77
Fanngton, 103
Farmer, 45
Felkin, 173
Felks, 172
Ferguson, 89
Ferrell, 89
Fezzell, 101
Fi____, 67
Fisa, 178
Fisher, 105
Flaherty, 23
Flaums, 176
Flekher, 17
Fleming (Fliming), 98, 174
Fletcher (Flecher), 27, 80, 82, 171
Foiter, 4
Fort, 170, 173, 181
Forester (Forrester), 15, 17, 18, 53, 59, 80, 82, 85, 94, 99, 101, 119, 141, 172, 176, 177, 178, 185, 190
Forgerson, 148
Forsher, 55
Fortenberry, 82
Foster, 102, 110, 183
Fowler, 41, 72, 91, 112, 157, 180, 185, 189
Fraker, 89
Francis, 26, 77
Frazier, 77
Freeland (Frieland), 33, 74
Freeman, 181
Fricks, 176
Frizzelle (Frizzell), 15, 44, 82, 113, 124, 165, 178, 180
Fry, 100, 175
Fryer (Fryar), 37, 47, 85, 91
Fulgum (Fulghum), 124, 180, 182

G

Galoway, 33
Ganger, 85
Gardenhire, 10, 11, 132
Gardner, 42
Garfield, 40
Garner, 114
Garwin, 23
Gass, 3, 4, 6, 169
Gatkand, 20
Gatlin (Gatlen), 77, 82, 175
Gatten, 107
Gay, 100
Gemul, 176
Gentry, 9
Gibson, 83, 104, 126, 174
Gifferd (Gifford), 3, 77, 139, 143, 176, 177, 184
Gilbert, 172
Gilbreath, 26, 34
Gill, 140
Gilliam (Gillom), 83, 125
Glazier (Gleeson), 65, 89
Gober, 154, 155
Goff, 178
Golehen, 62
Gordon, 69, 71, 170
Gorman, 40
Gory, 173
Goss, 85
Gotha, 104
Gouger (Gauger), 54, 88, 171
Gourd, 34
Gowyer, 155
Graham (Grayham), 8, 77, 133, 168
Gravitt, 146
Gray, 53, 100, 163, 185
Grayson, 18, 68
Green, 4, 117, 121, 133, 136, 171, 184,
Griffin, 66, 83, 89, 99, 174
Griffis, 168
Griffy, 22
Grimm, 20, 70
Groig, 91
Gross, 6, 29, 68, 91, 159, 170, 189
Groves, 134

Guess, 139, 142, 144, 145, 177
Guinn, 27, 77, 103, 106, 107, 176

H

Hagety, 161
Hale, 23, 27, 28, 35, 39, 46, 54, 77, 80, 85, 86, 91, 102, 107, 115, 123, 149, 150, 154, 155, 157, 158, 165, 169, 170, 171, 175, 176
Hall, 6, 94, 131, 171, 175
Hambleton, 126
Hambrick, 149, 170
Hamilton, 15
Hammer (Humswer), 74
Hammock, 16, 86, 178
Hammond, 148
Hancock, 173, 178
Haney, 4, 7, 77, 86, 89, 138, 139, 163, 183
Hankins, 60
Hanna (Hanah), 7, 27, 77, 107, 180, 189, 190
Hepath, 169
Harget, 11, 133, 183
Harny (Harney, Harni), 103, 174
Harp, 77, 184
Harris, 26, 64, 70, 85, 124, 135, 172, 180, 184
Harrison, 172
Hart, 183
Harthme (Harthm), 178
Hartline, 80, 86, 175
Harttum (Harttum), 96, 101
Hase, 178
Haskell, 134
Haskins, 10
Hastline, 177
Haswell (Hasswell), 157, 171
Hatcher, 146
Hatfield, 117
Hauem, 177
Hawkins, 37, 73, 83, 120, 189
Hayne, 169
Hays (Hayes), 96, 98
Hazelhurst, 70, 129, 134, 140, 141
Head, 77

Hemp, 24, 51
Henderson, 59, 83, 104, 147, 168, 179
Henry, 55, 77, 174
Herngen, 16
Herring, 19, 83
Herron, 77
Hess, 78, 89
Hibbs, 39, 89, 97
Hibls, 173
Hicks, 62, 83
Hickson (Hixon), 39, 97, 159, 182
Hide, 173
Higgins, 78, 115, 181
Highfield, 26, 184
Hilburn (Hillburn), 80, 86
Hill, 97, 133, 171, 177
Hilton (Helton), 55, 56, 80, 86, 89, 154
Hinson, 170
Hodge, 170, 183
Hogan, 173
Holder, 102
Holfield, 174
Holly, 181
Holman, 160
Holmes (Holm, Holms), 38, 43, 73, 110, 165, 182
Holoway (Holloway, Halloway), 22, 77
Holt, 124
Holton, 42
Hook (Hooke), 111, 182, 190
Hooper, 16, 78
Hoopper, 173
Hoosen, 34
Hopkins, 182
Horn, 99, 165
Horton, 151, 173, 178
Hoskins (Hoskin), 13, 174
Howard, 131, 174, 183, 190
House, 173
Houston, 98, 190
Hugh, 170
Hughes (Hughs), 5, 13, 28, 29, 34, 36, 49, 69, 78, 80, 86, 98, 125, 128, 129, 153, 159, 169, 170, 180, 189
Hull, 118
Hussey, 50, 54, 134

I

Irvin, 78, 86
Irwin, 169

J

Jackson, 102, 172, 173, 174, 182
Jacoway, vi, 12, 80, 91, 130, 183, 190
Jaima, 158
James, 175
Jenkins, 6, 24, 67, 80, 131, 134, 168, 184
Jenny, 62, 86
Jermaney, 116
Jobe, 183
John, 172
Johnas, 174
Johnson (Jonson), 9, 32, 33, 83, 104, 111, 115, 119, 126, 130, 168, 173, 176, 178, 180, 181, 182
Jones,
  Adaline, 55
  Alace, 174
  Alonzo, 178
  Amanda, 11
  Ami H., 25
  Amie, 30
  Andrew J., 55, 86
  Ann, 149
  Asa, 17, 101, 178
  Bat, 173
  Bill, 172
  Caroline, 178
  Cassandra, 55
  David, 30, 55, 86
  Dicy, 124, 180
  District, 172
  Easter Ann, 124
  Ellen, 149, 170
  Elza, 173
  Franklin, 101
  Frances, 173, 180
  George, 149, 170
  George W., 124, 180
  Henry, 61, 173
  Henry W., 25
  Hugh, 11

Jones (continued),
  Icedore, 115
  Isaac, 120
  Isa F., 17
  James, 149
  James B., 55
  James M., 120
  James W., 25
  Jane, 149
  Jinnie, 180
  John, 11, 55, 61, 149, 170, 174
  John A., 133, 136
  John C., 83
  John S. H., 17
  Josephine, 170
  Lerania, 25
  Leoma, 136
  Lilla, 55
  Loana, 133
  Louisa, 170
  Malinda, 101, 178
  Mammie, 172
  Margaret, 25
  Maria L., 17
  Martha J., 101, 124
  Martin W., 17, 83
  Mary, 17, 101
  Mary A., 22, 120
  Mary A. A., 17
  Mattie, 101
  Moriah L., 101, 113
  Nancy, 30, 55, 180
  Newton, 131
  Parilee, 120
  Rachel, 149
  Raileigh, 115
  Rebecca, 101
  Richard, 11
  Robert, 173, 180
  Russel T., 133, 136
  Sarah, 11, 61
  Sarah E., 124
  Simeon, 89
  Smith, 149, 170
  Susan, 61, 131
  Tabitha, 55
  Warren, 83
  Warrenton, 25
  Wayne, 17
  Will, 175

Jones (continued),
  William, 120, 149, 180
  William C., 17, 25, 83, 101
  William F., 25
  William H., 11
  Yuene, 173
Jordan, 78, 172, 174
Jumy, 38

K

Kamp, 117
Keath (Keith, Keef, Keeth), 19, 50, 102, 140, 169, 176, 183
Keeling, 147
Kelly, 45, 63, 78, 80, 86, 91, 110, 115, 140, 182
Kelsoe, 182
Kemp, 134
Keneday (Kennedy, Kenedy), 56, 89, 91, 150, 151, 155, 171
Key, 173
Ketchercide, 58, 176
Killian (Killion, Kilyon), 18, 33, 34, 35, 47, 52, 86, 91, 95, 118, 123, 127, 128, 159, 160, 180
Kilpatrick, 168
Kimis, 174
King, 83, 169, 170
Kirby, 4
Kirksey, 3
Kirsey, 32
Kizer, 183
Kizzort (Kizzert), 78, 140
Knight, 83
Knox, 180

L

Lacky, 173
Lain, 128
Land, 55
Landres (Lanres), 57
Lane, 169
Lankford, 151
Larny, 148
Lawless, 104
Layne, 58

Lea, 25, 44, 115, 116, 122, 165
Leauyette, 178
Lecroy, 185
Lee, 36, 101, 132, 143, 172, 180, 181, 183
Leian, 56
Lemmons (Lemons), 149, 183
Lenns, 51
Lewis, 59, 78, 178, 179
Liles, 80, 181
Lindsay (Lendsey), 3, 157
Lisle, 171
Little, 126
Litton, 7, 74
Lively, 138, 145
Lodemy, 150
Logan, 175
Lollis, 116
Long, 64, 89, 136, 137, 144, 169, 176, 177
Longley, 89
Loring, 63
Louellyn, 181
Love, 78, 185
Lovelady, 8, 126
Lowe (Low), 43, 58, 61, 74, 89, 110, 119, 151, 171
Lowry, 83
Lucas (Lucus), 24, 124
Lumpkin, 108, 172
Luriroy, 120
Lynch (Lench, Linch), 40, 100, 178

M

Magloon, 23
Mahan, 4, 78, 161, 165, 175
Majors (Majers), 9, 91, 133, 135, 174, 183
Malone, 48, 83, 89
Manass, 100
Mangrum (Mangum), 16, 94, 142
Manley (Manlie), 125, 180
Mann, 9, 68, 189
Manning, 86, 171
Manny, 56
Mansfield, 35, 89
Marks, 33
Marshall, 9
Martin, 42, 54, 80, 99, 101, 111, 114, 155, 171, 180, 182, 183

Mashburn, 5, 74
Mason, 37, 43, 49, 52, 86, 124, 145
Massey (Massay, Massy), 33, 45
Mathews, 185
Mathewson, 78
Mathis, 115
Matison (Mattison), 80, 86
Maxwell, 8, 9, 20, 86, 151, 171, 177, 184
Mayo, 143, 176
Mays, 61, 116
McAlister, 49
McAmos, 171
McBee, 8, 78, 83, 89, 97, 173, 175
McBryan, 7, 47
McBryer (McBryar, McBrayer, McBreyer), 48, 109, 130, 138, 171, 175
McCall, 38
McCan, 173
McCeson, 172
McGuiness, 33
McClean, 184
McClinden (McClenden, McClendin), 108, 175
McCohan, 169
McColla, 56
McColley (McColly, McCally, McCaulley), 89, 147, 158, 171
McCollum (McColum, McCollom), 46, 123, 180
McCrary, 152
McCurry, 80
McDaniel, 100, 111, 181
McDonald, 83, 89, 168
McFarlin, 172
McGee, 135
McGill, 112, 181
McGinnis, 172
McGlohon, 99
McHona, 168
McHone, 170
McIntire, 89
McKaig, 5, 6, 25, 26, 69, 80, 86, 103, 162, 175, 185, 189
McKarg, 98
McKinney, 119
McLain, 129
McLester, 32
McMahan (McMahon), 126, 180, 184
McQuertis, 176
McQuestin, 177

McRunnels, 169
McTeer, 183
Meadow (Meadows), 10, 36, 42, 68, 115, 116, 132, 152, 169
Melor, 171
Midcaff, 174
Middleton, 47, 73
Mifford, 160, 176
Millard (Millerd), 113, 181
Miller (Milor), 80, 86, 173, 174
Millican, 172, 175
Milligan (Miligan), 66, 89, 123, 137
Millington, 135
Mills, 169
Millsaps, 83
Mincher, 24, 78, 138
Minor, 172
Mitchell, 173
Moon, 53
Moore (More, Morre), 38, 49, 78, 83, 86, 113, 122, 139, 163, 185
Moppin, 14
Morehead, 89
Moreland, 78, 109, 154, 172, 177, 180
Morgan, 4, 5, 6, 37, 49, 51, 78, 89, 109, 118, 131, 154, 159, 177, 181, 183, 184, 190
Morris, 18, 86, 113
Morrison, 14, 36, 52, 61, 89, 91, 133, 152, 169, 180
Morrow, 100
Mose, 176
Moses, 173, 177
Moss, 53, 175
Mu____, 33,
Muligan, 179
Mulois, 62
Murpha, 146
Murphy (Murphey), 4, 31, 34, 80, 86, 89, 149, 170, 178
Murray (Murry), 83, 172
Musgrove, 89

N

Nagler, 47
Nailer (Naler, Naylor), 80, 86, 91
Naits, 126
Nathenist, 175
Nave, 181

Neal, 131
Neighbors (Nabours, Nabors), 39, 112, 181
Nelson, 101
Nesbit (Nesbet, Nisbet), 13, 68, 83, 98, 164, 179, 189, 190
Nethery, 183
Netherly, 131
Neuman (Newman, Newmon), 67, 146
Neusin, 172
Nicholas (Nicklas), 9, 78, 80, 134, 135, 153
Nichols, 9, 183
Nicholson, 168
Nix, 178
Noah, 86
Noler, 153
Norris, 113
Northcutt, 181
Norton, 172
Nowland, 173

O

Obar, 78
Obryan, 148
Oconer, 173
O'Donnell, 23
Odum, 30
Offelt (Offett), 35, 78
Ogle, 33
Olivar (Oliver), 11, 123, 131, 170, 178
Oneal (Onaell), 6, 7, 12, 24, 59, 78, 80, 83, 86, 89, 101, 104, 139, 140, 156, 157, 161, 177, 178, 183, 184
Opisken, 51
Owens, 16
Oyler (Oeller), 83, 105

P

Pace, 11, 52, 68, 78, 133, 152, 180, 183, 190
Pack, 9
Padget, 139
Page, 5, 89, 141, 144, 177
Pangle, 89, 136, 137, 175
Parham, 164
Paris (Pariss), 39, 40, 70, 72, 89, 112, 113, 170, 171, 181, 189, 190

Parker, 32, 34, 147, 148, 149, 160, 168, 170, 178
Parks, 31
Parmelee, 83
Partain, 35
Partin, 80, 181
Pasda, 169
Pasmer, 173
Patten, 19
Patterman, 169
Patterson (Paeterson), 91, 116, 153, 170, 181, 183
Payne (Payn), 59, 65, 78, 86, 89, 127, 142, 143, 164, 176, 183, 189, 190
Pearson, 89, 158, 160, 169, 183, 184
Pebern (Pebron), 148
Pendley (Penley), 147, 168
Pennington, 39, 78, 83
Perkins, 63, 73, 89, 143, 176
Perry, 128, 184
Persley (see Pursley)
Pettitt, 171
Philby, 129
Philips, 45, 80, 89, 116, 168, 170, 171
Pittman (Pittmon, Pitman), 105, 127, 171
Poole (Pool), 31, 171, 173
Pope, 112, 117, 174, 181, 190
Porter, 4, 32, 49, 65, 89, 148, 168
Potter, 78, 83, 94, 177
Powell (Powel), 53, 110, 111, 161, 181, 182, 185
Powers, 168
Prater (Praeter), 44, 78, 114
Presley, 32, 148, 160
Pressrell, 180
Prewett, 114
Price, 39, 40, 74, 78
Prickett (Pricket), 142, 177
Prince, 28, 29, 54, 146, 154, 169, 171
Pryer (Pryor), 100, 170
Pulham, 173
Pursley (Pearsley, Persley), 44, 89, 90, 118, 159, 169

Q

Quales, 156
Qualls, 157
Quarles, 78, 168
Quinlin (Quintin), 6, 10, 11
Quinton, 78, 86, 90, 121, 132, 184

R

Radford, 172
Ragan, 8
Rains (Raines), 36, 37, 112, 122, 157, 159, 171, 184
Ram, 174
Ramsey, 176
Ray, 9, 90, 111, 113
Read (Reed, Reede), 126, 129, 150, 165, 170, 173, 174
Reaves (Reeves, Reives), 9, 24, 48, 78, 90, 144, 168, 169, 176
Reavis, 134
Redding, 182
Reese (Reece), 130, 169, 174
Rella, 172
Renneais (Rennow, Renno), 35, 145, 168
Reudleman, 91
Revelle, 83
Rhea, 173
Rials, 51
Riarden (Rearden, Rairdon), 23, 105, 173, 175
Richardson (Richerson), 155
Richmond (Richmon, Richman), 30, 31, 118, 151, 180, 181
Ridding, 111
Ridley (Ridly), 175
Riley, 42
Roach, 19, 94, 99
Roam, 16
Roberts, 130, 172
Robertson, 183
Robinson, 40
Rockholt, 15, 78
Roddy, 173
Roe, 83, 97, 182
Rogers (Rodgers), 8, 34, 37, 47, 54, 55, 68, 78, 80, 86, 91, 104, 114, 134, 140, 168, 170, 174, 184, 189, 190
Rooney, 40
Ross, 5, 80, 86, 120, 136, 144, 178, 184
Rudd, 169
Rusey, 175
Russell (Russel), 30, 65, 70, 83, 91, 96, 168, 181, 189

S

Salmons, 184
Sammonds (Sammons, Samminds), 37, 38, 74, 83, 86, 120
Samples, 78
Sander, 172
Sanders, 86, 146, 168, 180
Sandigo, 16
Saturwhite (Satterwhite), 15, 17, 91, 94, 96
Saunders, 33, 86
Savage, 78
Scalf (Scealf), 147, 165
Scelds, 178
Scott, 168, 182
Scruggs (Scrugg, Scrugs), 14, 94, 176, 178
Seamore, 118
Seay, 47, 78, 86
Sedeman, 168
Sells, 8, 47, 68, 86, 127, 160, 180, 184
Semme, 174
Senter, 110
Serags, 13
Shade, 173
Shamblin (Shamlin), 42, 72, 78, 110, 115, 181
Shanklin, 173
Sharman, 10
Sharpe (Sharp), 38, 169, 174, 175
Sharrock, 78, 87, 107, 109, 133, 172
Shaw, 89, 124, 180
Shell, 108
Sheperd (Shepperd), 100, 168
Sherb, 38
Sherman, 66
Sherrill, 183
Shields, 103
Shook, 157
Shorb, 115
Short, 169
Shorter, 174
Sifton, 40
Simpson, 22, 35, 81, 89, 95, 113, 156
Sings (Lings), 19
Sitton (Sitten), 4, 5, 89, 91, 137, 138, 184, 190
Skealls, 168
Skinner, 169

Slater, 172
Slatten, 32
Slaughter, 173
Slavy, 24
Slayton, 178
Sleuthman, 41
Slemmons, 168
Small, 177
Smedley, 32, 33
Smith,
  A. H., 63
  Aaron, 43
  Alexander, 21, 63, 174
  Alexandra H., 136
  Allice, 180
  Allis, 155
  Amos L., 25
  Anna, 133
  Andrew, 63
  Andrew J., 13, 43, 78, 81, 118
  Ansel, 155, 171
  Arminda, 13
  Bagwell, 43
  Benjamin, 25, 154, 171
  Benjamin F., 171
  C., 52
  Calista, 170
  Caroline, 43, 119, 125, 180
  Carrol, 87
  Chancer, 90
  Charles P., 97
  Elizabeth, 171
  Elvina, 25
  Emmy E., 133
  Frances, 136, 155, 171
  George, 125, 171
  George W., 13
  Green, 173
  Henry, 13, 97, 125, 178, 180
  Hiram, 87, 91
  Horace, 63
  Horras W., 136
  Irena, 63
  Irina A., 136
  James, 63
  James C., 78, 136, 183
  James M., 52, 155
  Jesse, 125
  John, 19, 83, 125

Smith (continued),
  John F., 136
  Joseph, 125, 180
  Judah L., 118
  Judea L., 43
  Julia, 154, 171
  Lanson,T., 83
  Laura G., 97
  Lou, 178
  Louiza C., 155
  Lucinda, 52, 184
  M. L., 79
  Margaret J., 180
  Martha, 125, 169
  Martha E., 43, 97
  Martha J., 52
  Mary, 19, 63, 136
  Mary A., 52
  Mary A. E., 155
  Mary C., 133
  Mary E., 25
  Matilda, 171
  Matthew, 169
  Melinda, 43
  Miles, 155, 170
  Misouria, 155
  Moses, 16, 79
  Nana, 43
  Nancy A., 136
  Nancy C., 165
  Nancy E., 155
  Nathan C., 180
  Narcissa, 125, 180
  Phillip, 19
  Polly A., 43, 118
  Richard L., 43
  Robert, 63
  Robert A., 136
  Robert L., 43
  Samantha, 183
  Samuel A., 79
  Sarah, 118, 173
  Sarah Ann, 118
  Sarah J., 43
  Sarah M., 155
  Starling, 43
  Susan A., 25
  Susan J., 133
  Thomas B., 97

Smith (continued),
  Thomas J., 155
  Vina, 43
  Virginia, 136
  William, 19, 83, 133, 180
  William B., 79, 118
  William G., 184
  Winny C., 118
Smythe, 105
Snodgrass, 176
Snyder (Snider), 58, 110, 133, 181
Sorrels, 81, 126
Sortas, 50
Southerland, 48, 87, 90
Sparks, 170
Spencer, 171
Sprires, 36
Spray, 99
Stafford, 14
Stanafield, 112
Standhope, 108
Starling, 26, 90
Stedman (Steadman, Stedmon), 81, 87, 124, 164, 180, 182
Steel (Steele), 10, 14, 26, 63, 79, 81, 87, 98, 106, 177, 184
Stephens (Stephins), vi, 3, 4, 8, 19, 90, 94, 140, 141, 145, 162, 169, 178, 179, 184, 189
Stevens, 63, 69, 79, 181
Stewart (Steuart), 8, 11, 21, 27, 79, 84, 87, 107, 121, 122, 139, 141, 142, 170, 173, 177, 184, 190
Stiff, 3
Stokes, 13, 87, 96, 170
Stone, 58
Stovall (Stoveall), 41, 45, 79, 106, 113, 176, 181
Stral, 29
Strawn, 90
Street, 13, 29, 69, 74, 98, 151, 154, 170, 171, 172, 176
Stricland, 169
Stringer, 183
Strong, 149
Strut, 100
Stubblefield, 126
Studeman, 173
Sullinn, 130
Sullivan, 5, 41, 42, 56, 90
Sunderland, 184
Sundulin, 145
Sutherland (see Southerland), 7

Suttle, 181
Sutton (Sutten), 49, 66, 73, 79, 90, 91, 108, 128, 151, 174, 180, 189, 190
Swafford (Swofford), 16, 155, 169

T

Tankesley, 43, 90
Tanner, 87, 116, 124, 134, 190
Tatum (Tatem), 18, 52, 55, 57, 59, 66, 73, 74, 81, 84, 87, 90, 91, 95, 108, 122, 142, 158, 171, 177, 178, 180, 189, 190
Taylor, 12, 48, 68, 73, 87, 90, 126, 132, 139, 179, 180, 182, 183, 189, 190
Tedwell, 102, 108, 135
Teig, 25
Thacker, 157
Thomas, 11, 81, 87, 90, 149, 168, 169, 174, 177
Thomison, 126, 129
Thompson, 58, 140
Thorb, 74
Thurman, 84, 107, 119, 171, 177, 178
Ticker, 177
Tidwell, 9, 11, 79, 90, 126, 172, 175
Tims, 62
Tincher, 60
Tinick, 172
Tinker, 84, 90, 133, 136, 138, 142, 184
Tittle (Tettle), 39, 41, 44, 72, 79, 81, 87, 112, 114, 170, 180, 181, 189, 190
Tolbert, 172
Tolford, 172
Toole, 40
Torbit (Torbett), 148, 168
Townes, 185
Townsend (Townson, Townsand), 50, 116, 1 181, 190
Trade, 40
Trael, 104
Tramel, 177
Trotter, 174
Trussell, 168
Tullingen, 26
Turgs, 98
Turlyfield, 4
Turner, 42, 79, 90, 175
Tuttle, 151

U, V

Unidentified, 74
Van Der Corput (see Cooput)
Van Hoosier, 168
Varnes, 173
Vaughan, 126, 152
Verkins, 183
Vicors (Vickers), 50, 79

W

Waddell (Waddel, Waddle), 81, 87, 159, 170, 180
Wade, 18, 50, 74, 90, 109, 160, 168, 178, 180
Wakefield, 61, 68, 79, 90, 143, 177, 183
Walen, 182
Wallace (Wallice, Walace, Wallis), 98, 137, 161, 173, 174, 175, 176, 177
Walker, 178
Waller, 129
Wallrauem, 177
Walt, 172
Walters, 175
Walton, 42, 79
Warren, 14, 19, 53, 84, 185
Wasmach, 170
Watkins, 182
Watson, 4, 174
Watt, 90
Weaver, 45, 183
Webb, 147, 168, 169
Webster, 174
Weedle (Weddle, Weddel), 36, 62, 65, 90, 91
Weekey, 172
Weems, 54
Weens, 81
Wells, 168
West, 81, 90, 143, 160
Whatley, 84
Wheeler (Wheller), 61, 116, 180
Whitacre, 168
White, 96, 173
Whitices, 175
Whitehead, 30, 34, 81, 84, 153, 175, 189

Wigley (Whigley, Wegley), 81, 84, 87, 90, 145
Wilder, 173
Wiley (see Wiyley)
Wilkie (Wilkey), 168, 171, 173
Wilkinson (Wilkerson), 7, 8, 11, 47, 63, 73, 79, 87, 90, 91, 134, 139, 176, 177, 183, 184, 189, 190
Williams, 31, 32, 90, 121, 134, 147, 149, 165, 172, 174, 183, 184
Willis, 23
Wills, 180
Wilson (Willson), 40, 52, 87, 90, 91, 125, 130, 135, 161, 163, 171, 173, 174, 180
Winchester, 45
Windfield, 170
Wingfield, 105
Winters, 22, 79, 81
Wiseman, 174
Wisener, 13, 79
Withers, 58, 109, 123
Withro, 122
Witt, 172
Wiyley, 4
Wofford, 97
Wood, 21, 35, 56, 64, 66, 87, 90, 107, 111, 139, 171, 177, 181
Woodall, 90, 120
Woods, 50
Woodson, 172
Woolbright, 131, 183
Worley, 50
Wyatt, 40, 169

Y

Yarin, 35
Yeargin, 146
Young, 47, 79, 90, 123, 149

www.ingramcontent.com/pod-product-compliance
Lightning Source LLC
Chambersburg PA
CBHW060313240426
43661CB00059B/2750